U0348453

超能团队

提高团队绩效的 30个工具

SUPERCHARGED
TEAMS
The 30 Tools of
Great Teamwork

（Pamela Hamilton）
[英] 帕梅拉·汉密尔顿

——著

冯嘉琦——译

机械工业出版社
CHINA MACHINE PRESS

Pamela Hamilton.Supercharged Teams: The 30 Tools of Great Teamwork.

ISBN 978-1-292-33464-6

Copyright © 2021 by Pearson Education, Inc.

Simplified Chinese Edition Copyright © 2024 by China Machine Press.

Published by arrangement with the original publisher, Pearson Education, Inc. This edition is authorized for sale and distribution in the Chinese mainland (excluding Hong Kong SAR, Macao SAR and Taiwan).

北京市版权局著作权合同登记　图字：01-2023-2988 号。

图书在版编目（CIP）数据

超能团队：提高团队绩效的 30 个工具 /（英）帕梅拉·汉密尔顿（Pamela Hamilton）著；冯嘉琦译. —北京：机械工业出版社，2024.1

书名原文：Supercharged Teams: The 30 Tools of Great Teamwork

ISBN　978-7-111-75130-4

Ⅰ.①超… Ⅱ.①帕…②冯… Ⅲ.①企业管理－团队管理 Ⅳ.①F272.90

中国国家版本馆 CIP 数据核字（2024）第 032353 号

机械工业出版社（北京市百万庄大街 22 号　邮政编码 100037）
策划编辑：顾　煦　　　　　　责任编辑：顾　煦　高珊珊
责任校对：孙明慧　王　延　　责任印制：刘　媛
涿州市京南印刷厂印刷
2024 年 3 月第 1 版第 1 次印刷
147mm×210mm · 8.125 印张 · 2 插页 · 153 千字
标准书号：ISBN 978-7-111-75130-4
定价：69.00 元

电话服务　　　　　　　　　　网络服务
客服电话：010-88361066　　　机 工 官 网：www.cmpbook.com
　　　　　010-88379833　　　机 工 官 博：weibo.com/cmp1952
　　　　　010-68326294　　　金　书　网：www.golden-book.com
封底无防伪标均为盗版　　机工教育服务网：www.cmpedu.com

SUPERCHARGED TEAMS
The 30 Tools of Great Teamwork

—

推荐序

几年前，我的一位聪明而有才情的朋友参加了一场面试，面试官问他是否曾担任过"团队合作者"，他却漫不经心地调侃道："是的，我当过球队队长。"

帕梅拉·汉密尔顿不是这样漫不经心的愤世嫉俗者。相反，她是一个开朗的实用主义者，有着浓烈的理想主义情结。但是，和我的那位朋友一样，她也看重卓越与承诺，而不是平庸的"与人为善"。她认为人才、团队和团队合作的重要性被低估了，这让她感到失望。在现实生活中，在各种网站上，她礼貌而不知疲倦地鼓励人们去实现最好的自己，并为此提供相应的工具。帕梅拉甚至希望能让那些冥顽不化、玩世不恭的朋友展现出最好的一面。

即便是普通读者也会意识到，作者创作本书的目的在于让读者主动使用，而不是被动阅读。如果你不觉得书中的建议值得探究和尝试,那请放下本书。因为这恰恰是作者写作本书的意图。帕梅拉希望她在真实世界中的团队经历与研讨会的经验能为读者所用,并将其付诸实践,这是令人印象深刻的。她像对待客户一样,尊重和关心她的读者。

我一再强调:这本书讲述的是现实世界中真实团队中的真人真事,而不是理想化的框架,它讲的是"正确"的人如何在"正确"的时间聚在一起做"正确"的事。超能团队不会为了礼让他人而妥协,现实中过度礼让反而会让人不堪其扰,痛及骨髓。同时,让团队保持健康和高绩效水平是领导力的意义所在。帕梅拉提到了一些原则和实践,这些原则和实践既是挑战,又能激励人们采取下一步行动。这使得帕梅拉的理论与众不同,也更有价值。

强制的远程办公、使用数字技术和网络协作使人们不得不重新审视和反思团队的意义。团队的根基显得比以往任何时候都更为重要。远程团队该如何创造性地整合客户的观点?是什么让多样性和包容性成为团队力量和灵感的源泉?是什么让"以身作则"成为必要的品格?是什么让你的团队如此特别?

对于这些问题,全世界的领导者都在苦苦求索卓越甚至伟大的答案,同时他们还要应对不公而繁重的限制。然而,克服这些困难正是我们需要超能团队的原因所在,因为昨天的答案无法适应今天的问题。有才华的团队需要指导,需要结构,需要工具,需要自我意识。这些都是超能团队必备的特质。

本书的真正价值并非只是取悦读者、启迪心智或获得读者认可（尽管这些都非常重要）。本书真正的价值在于你能与同事和队友分享的内容。他们是你的合作伙伴，他们是你的后备生力军，更是支持你的动力。对于这些伙伴，你要与他们分享什么，才能激发出他们的最大潜能？

解答这些问题恰恰是本书的价值所在，这些问题不再是华丽的辞藻，而是帕梅拉创作这本书的原因。这就是你应该阅读并好好使用本书的原因。

迈克尔·施拉格

2020 年 5 月

SUPERCHARGED TEAMS
The 30 Tools of Great Teamwork

致　谢

在完成了《研讨会手册》之后，我便一直想写一本关于合作的书，因为多年来我一直在整理有关合作主题的案例和研究。我花了一段时间构思（以及在我的编辑 Eloise Cook 的建议下），最终决定写一本关于优秀团队合作的书。本书所描绘的团队精诚合作、富有创意、目标导向，充满了活力与动力，它们便是本书标题所说的超能团队。

在本书的写作过程中，我得到了很多日常工作忙碌、天赋异禀、聪颖过人的人的帮助，他们付出自己的时间，为我提供观点和支持。他们有自己的项目、团队、企业和家庭，甚至自己也在奋笔创作新书。本书完成于全球新冠疫情肆虐之际，我因此从他们那里得到了远超预期的支持，因为他们可以给我更多的时间。我非常感谢他们慷慨地贡献自己的时间，以及给予我的大量关于合作案例方面的支持。

这里要特别感谢马尔科姆·德萨（Malcolm D'Sa），当我准备放弃写第二本书时，是他一直在催促我；还有贝丝·安·卡明科（Beth Ann Kaminkow），感谢她的善意支持和积极影响；还有格兰妮·韦弗（Grainne Wafer），他是我一直所向往成为的真正的目标驱动领导者的典范；还有盖尔·德·塔尔豪特（Gael De Talhouet），他仗义执言地挑战了我的观点；我还要感谢劳拉·戴蒙德（Laura Diamond），她的分析和专业知识完善了我的思想。还有，我很荣幸能得到才华横溢的迈克尔·施拉格的指导，正是他敏锐的观点和及时的反馈完善了本书的内容。他建议我在写这本书时不妨多加入些个人感受，这让整个写作过程更加愉快，我希望这也能让读者读起来更加愉悦。

我要感谢那些给了我写作空间和时间的人，是他们使这本书的出版成为可能：艾莉森·达林（Alison Darling）出色地管理着我们的公司和团队；安娜·约翰逊（Anna Johnson），她给了我灵感，并帮我创造出优秀的内容；安妮·诺斯霍尔姆·艾弗森（Anne Nørholm Iverson），感谢她的设计眼光和系统思维；迪伊·奥布赖恩（Dee O'Brien），他帮我安排并挤出了创作的时间；还有我聪明而有才华的写作伙伴尼古拉·沃特曼（Nicola Waterman），帮我将一堆便利贴、挂图、研究记录和录音笔记变成了一份完整的书稿。感谢 Paraffin 团队，他们是优秀的智库和大脑，帮助我想出了这本书的标题，还提供了大量的案例，每当我陷入困境时，他们都会给我提供案例、观点、例子和灵感。

我还要感谢那些为我提供见解与建议、接受我采访的人，包括索菲亚·马夫罗斯（Sofia Mavros）、艾玛·温盖特（Emma Wingate）、苏·菲利普斯（Sue Phillips）、安德里亚·沃勒姆（Andrea Wareham）、本·佩奇（Ben Page）、莫妮卡·胡纳斯（Monica Juanas）、珍妮弗·怀特（Jennifer Whyte）、史蒂夫·皮特（Steve Pitt）、马库斯·卡托（Marcus Cator）、艾琳·格林德尔（Irene Grindell）、雷切尔·格林（Rachel Green）、尼尔·穆拉基（Neil Mullarkey）、克莱尔·汤普森（Clare Thompson）、安伯·德艾伯特（Amber D'Albert）、布鲁克·霍斯金斯（Brooke Hoskins）、斯特凡·霍米斯特（Stefan Homeister）、亨利·梅森（Henry Mason）、卡尔·哈特曼（Carl Hartman）和克莱尔·埃姆斯（Claire Emes）。

感谢所有为本书做出友好贡献的人，包括 Wendy Aitken、Penny Bennett、Adrian Bleasdale、Markay Bressler、Graham Charles、Pele Cortizo-Burgess、Richard Evans、Brady Grange、Rhia Harry、Caroline Haworth、Craige Heaney、Julia Hobsbawm、Katie Hyams、Billie Ing、Shalaka Karandikar、Briana Larkin、Michelle Lavipour、Coral McConnon、Claudia Nielsen、Catherine Mangan、Henry Mason、John Monks、Rob Myles、Greg Orme、Sarah Peachey、Bruce Robertson、Ian Roe、Syl Saller、

Patrizia Sorgiovanni、Guy Stevens、Marie Stopforth、Ian Thwaites、Richard Watkins、Rachel Webley、Ben White、Louise Wilders。

感谢朴次茅斯蜂房、朴次茅斯市议会、朴次茅斯市政厅，感谢它们让我参与社区的活动，并教会了我很多。

最后，衷心感谢我的丈夫保罗·贝内特（Paul Bennett），感谢他作为我的英雄、领航员和顾问所提供的支持与帮助；感谢 Min Wright，感谢她的善良和不断的支持；感谢 Tamlyn Norcott 和 Katherine Richards 对我无尽的信任；感谢 Ian Wright 教会我永远不要甘于现状；还有我的女儿贝利，感谢她的活力和精神，她这一代人注定将会比我们更懂如何合作，他们的合作方式将超越我们的想象。

SUPERCHARGED TEAMS
The 30 Tools of Great Teamwork

本书会带给你什么

当今的团队工作比以往任何时候都困难：工作节奏更快，组织更精益化，工作更繁忙。这使我们忘记了团队合作本身也是要做一定"工作"的。本书为读者提供了让团队获得最佳绩效所需的工具。本书将呈现世界各地高绩效团队的新方法，激励你的团队完成绩效并获得成功。

工作总是在变化，团队的规则也并非一成不变。我们缺乏时间、精力分散，可业绩压力却迫使我们要更快、更好地完成任务，同时远程和异地工作也越来越多。我们很容易感到负担过重，而把构建出色的团队合作置于脑后。

团队的必要工作也在不断改变。新技术的出现和市场的新动向都给工作带来了复杂的挑战，无论你们是在同一部门，还是身处不同的部门和组织，只有通力合作才能解决这些挑战。合作不仅是正确的做法，也是我们在面临当下复杂问题时取得成功的唯一途径。

幸运的是，一切阻碍良好团队合作的困难都可以用正确的工具克服。本书能让你具备帮助团队在挑战中取得成功的能力。

- 30 个工具，为你和团队以及团队工作方式进行赋能。
- 无论你是团队领导者还是团队成员，本书为你提供适用于各层级的团队反思、挑战和评估技巧。
- 让你清晰了解工作的变化，告诉你在当下工作环境中成为高绩效团队的最佳方法。
- 本书包括来自联合利华、帝亚吉欧、Essity、百威英博、网飞、BAE 系统公司、益普索、WPP 等公司的案例研究，同时还包括来自地方委员会、慈善机构、志愿机构和社区部门的公共部门案例，正是这些案例为本书的团队工具赋予了生命力。

从今天开始，打造你的"超能团队"吧！

SUPERCHARGED TEAMS
The 30 Tools of Great Teamwork

目　录

第 13 章　30 个工具的团队应用

第 1 章

为什么要打造
"超能团队"

孤身难为片瓦，众志却可成城。

——海伦·凯勒（Helen Keller）（1880—1968）

总会有一个独特的机会能让一群人通过精诚合作改变世界，这个机会就是此时此刻，这群人就是你和我。我们生活在一个前所未有的变革时代，所有团队都必须倾尽所能，超越极限。在今天，团队合作在各个层面都受到考验和挑战，只是做到"足够好"已经远远不够。但是，这对我们来说却是一个难得的机会，我们可以利用当下的纷扰和创新来改进我们的工作方式。对于世界上的每个团队来说，现在都是大显身手的大好时机。如非此刻，更待何时？

在过去的二十多年里，我与世界各地的数千个团队合作，涵盖地方小型慈善机构与大型跨国公司。我经历了一系列团队赋能工作，这些团队有的非常优秀，有的则完全失能。作为一名团队成员，我一直受到与我一起工作的人们的启发，他们聪明而富有创造力。同样，我也对任何人力工作中不可避免的欺凌和不良行为感到失望。

作为一名终身的心理学学生和一名诚实的观察者，我一直对人们在群体中的行为方式着迷。在我作为顾问的工作中，我常常被邀请为独立的咨询顾问加入团队，并能以一个局外人的视角观察团队。在这些观察中，我发现了这些团队中相似的行为模式，无论公司文化、规模如何，只要你曾经在一个团队中工作过，都会发现相似的行为模式。

超能团队则处于一个完全不同的水平面，它远远高于团队平均水平。其团队成员被强大的愿景、紧迫的目标感和良好合作的动力所驱动，因为他们知道这是实现并超越目标的唯一途径。今天，世界上的每个团队都必须解决复杂问题，创造新的机会，无论是为客户、顾客、消费者还是为彼此，都必须付出最大努力。装模作样和真正的脚踏实地的区别就在于是否自己刻意地选择对团队赋能，让团队成为超能团队。

团队能解决的问题与能创造的机会远多于任何富有聪明才智的个体。高绩效团队能够克服挑战，为成员彼此带来实质上的影响。成为优秀团队的一员绝对是种正面体验,在优秀的团队中,人们不仅能获得更好的体验,还能取得更多的成就。

在解决复杂问题(如环境问题、社会不平等问题、经济乱象、移民和难民问题)时,我们比以往任何时候都更需要携手共进和具备卓越的团队合作能力。

然而,良好的团队合作不是自然形成的。每个人的才能与个性都迥然不同,人们不能自然而然地形成良好合作的团队。合作总是困难的,因为我们都会将自己的工作风格、先入为主的观念和期望带入团队。低绩效团队不仅效率低下,还会扼杀团队成员的智慧和内心的目标,使他们缺乏动力,无法发挥自己的能力。

团队就像家庭。随着时间的推移,我们会拥有共同的经历,彼此建立起联系,形成共同的习惯和行为方式,即使我们彼此相亲相爱、相互信任,但我们有时对彼此甚至还不如对待陌生人那样尊重与礼让。在面对压力或者处于剧烈变化时,我们会下意识地回到自己的老方法上,即便这些老方法可能并不适应新形势。团队之间相互了解越多,合作时间越长,就越有可能出现团队功能失调的问题。

我们对团队人员的分配往往太随意,为了能实现更高的绩效,我们甚至希望少通过团队工作。我必须承认,有时候我甚至希望不用团队合作。有时避免合作产生的困难反而会让工作本身更容易些。然而,团队合作是无法避免的,研究一再证明,团队所能取得的成就远比单独工作的个人更大，特别是在当今快速发展的世界中。问题是，我们的工作方式改变了，但团队工作方式却一成不变，这需要有所改变。

　　伟大的成就从来不是属于一个人的，它需要团队。

——史蒂夫·乔布斯（1955—2011）

我们为什么需要超能团队

　　在以前作为团队的一员要比现在简单得多。团队会议本来是一种有效利用时间的方式，因为其能实现高质量的思考和决策。定期会议有助于团队保持一致，并保障在会议之外的工作时间。在会议间隙，我们经常会一对一沟通，并通过会议与整个团队分享沟通的信息。那时候的工作压力更小，因为工作模式更具可预测性，沟通速度也可控，沟通信息量小，我们也更容易区分工作和会议的时间。

　　但世界在剧变，技术和创新正在扰乱市场，为消费者、客户和顾客提供服务的方式发生了翻天覆地的变化。我们的工作也发生了变化——我们拥有比以往任何时候都更多的决策信息。我们的工作更加复杂，跨越了不同的平台与渠道。几乎没有人能成为全能的专家，因此知识需要在团队之间共享。

　　我们的工作方式也发生了变化。技术帮助我们更快地协作，但也分散了我们的时间与精力。面对面的工作越来越少，远程办公和灵活办公已经司空见惯，并对团队工作方式带来巨大挑战。

定 义

- **远程办公**：人们在不同地点工作，而非在同一屋檐下。

- **灵活办公**：人们在一天中特定的时间工作，在一周中的几天或一年中的几个月内工作，而不是朝九晚五。

- **临时工式办公**：临时签约完成特定任务的人员，既可以是承包商，也可以是普通员工。

即便在新冠疫情肆虐全球之前，70% 的英国全职专业人员每周都至少会远程办公一天。临时工经济在过去 3 年中增长了一倍多，目前有 470 多万人是临时雇员。[1]2008 年至 2016 年，英国自由职业者的数量增长了 36%，[2]在未来几年，79% 的高管预计临时工和自由职业者将大幅取代全职员工。[3]Timewise 在 2019 年的一项研究发现，在过去 4 年中，兼职或弹性工作的高薪岗位数量增加了两倍，英国的雇员们放弃了朝九晚五式的工作。[4]

在这种变化的背景下，希望沿用原有工作方式来提高工作速度，就显得有点不合时宜了。但人们仍然在继续盲目地创建或加入团队，使用沿袭而来的团队文化和工作流程，而不考虑团队如何才能在今天的环境下依旧表现出色。我们既不对团队合作投入精力，也不培养团队，更难看到优秀团队合作的例子来激励我们。结果今天的团队合作显得比以往任何时候都要糟。

> 研究显示，即便团队获得了额外资源，但仍有可能表现不佳。
>
> ——J. 理查德·哈克曼（J.Richard Hackman）[5]

何为团队

团队是一组为实现共同目标而共同努力的人，它由多人组成。团队合作是一组人为实现共同目标而展现的有效合作的能力。

团队成员有以下特质：

- 每个人拥有相关的专业知识。
- 能有效合作。
- 可以取得比独自工作更大的成就。
- 努力实现一致的目标。
- 有明确的截止日期。
- 对自己做出的决定负责。
- 具有实现团队目标的影响力。

在过去的 10 年里，麻省理工学院的科学家们一直致力于理解和评估"集体智力"。[6] 这类似于智商测试，通过测试判断群体解决问题的能力。他们的研究证明，团队取得的成绩远高于团队中最聪明的人单独创造的成绩。

企业早已认识到这一点，所以我们看到团队合作一直在显著增加。《哈佛商业评论》（*Harvard Business Review*）发现，在过去 20 年中，花在协作活动上的时间增加了 50%。[7] 因为协作是解决复杂商业问题的唯一途径，但它也导致了所谓的"协作过载"现象。人们加入越来越多的团队，这分散了大家的时间和精力，因此降低了效率。

超能团队如何应对这一现象

当我们作为新人加入团队时，很容易把精力集中在什么时候见面和如何安排会议议程上，我们从不考虑团队中其他人都是谁？他们是合适的人选吗？他们时间充裕吗？团队的工作会激励他们吗？我们还需要确认我们与团队其他成员的目标是否一致，以及如何确保我们能共同努力实现目标。我们也不能忽视团体的利益相关者，比如领导者如何支持我们，我们所处环境的工作文化如何影响团队。总之，成功的团队会考虑以上所有问题。

根据麻省理工学院的研究，[8] 成功的团队往往有以下特点：

- 成员对团队任务有着共同理解。
- 承诺完成团队目标。

- 明确定义团队角色和责任。
- 一致的基本规则。
- 完善的决策模型。
- 有效的合作方式。

你可能听说过像敏捷团队或 Scrum 敏捷[⊖]项目这样的团队合作方法，它们就是当下优秀团队的代表（见表 1-1）。无论名称如何，它们的共同点都是基于明确且定义清晰的任务来完成目标，由不同专家组成，他们高效地聚集在一起，在规定的时间框架内完成任务，他们有动力去克服所面临的挑战，因为他们已经做好了应对挑战的准备。

表 1-1　高绩效团队的类型

团队类型	工作方式	案例
敏捷团队	给小组成员分配相同的任务，几乎所有人都是全职工作，根据特定目标为用户提供价值，为客户和利益相关者提供服务	一组人离开了日常工作岗位两个月，共同研究如何提高企业产品和服务的可持续性，他们在项目结束时会向董事会做一次陈述，为特定方案争取资金支持
Scrum 敏捷项目或 Sprint 团队	一组一起工作的人员，他们要按要求实现某种产品增量。通常他们会被要求在短期内快速完成任务。团队中的每个人都有着共同的目标、一致的团队规则，他们相互尊重，以最有效的方式共同工作、解决问题	一场包括软件开发人员、设计师、工程师和客户在内的黑客集会，他们要在一个周末的时间内集中解决特定的软件问题

⊖　Scrum 敏捷项目管理是一种灵活的、迭代增量式的项目管理方法，适用于需求变化频繁、内外部环境变化快、需要快速交付和验证的场景，也是所有敏捷开发实践中最常用、应用最广的敏捷方法。——译者注

（续）

团队类型	工作方式	案例
项目团队或跨职能团队	由一组来自不同部门或具有不同专业背景的人组成，他们共同努力、相互协作，在有限的时间内实现目标，并充分利用各自不同的专业知识	一个跨公司团队，在暑期到来前推出一款创新冰激凌产品
行动小组或工作组	一组必须在特定日期前采取措施应对紧急问题的人，他们需要一起调查和决策，以应对紧迫的威胁、特殊局面或具体问题	一个包括卫生部门、住房部门、警察、社会团体和慈善机构的地方政府组织，通过各方共同努力，在圣诞节前减少流浪者的数量

在游戏中，无论你的头脑多么聪明，策略多么高明，你一个人也打不过一个团队。

——里德·霍夫曼（Reid Hoffman）[9]

那么，合格的团队和高绩效团队有什么区别呢？高绩效团队的成员会根据手头的任务情况，有意识地达成一致，形成正确的思维方式、工作节奏和具体方法，从而更好地合作。他们来自不同的团队，没有统一的工作方式，甚至没有项目时间的进度表或明确的定期会议时间，他们会为每个特定项目重新设定这些内容。

假如你接受过飞行员训练，你肯定会了解美国东方航空401 航班的故事，这是一次发生在 1972 年的空难。当时起落架灯光的突然熄灭让机组人员惊慌失措，全然没有注意到自动驾驶装置失灵，飞机正在下降，最终飞机坠入了佛罗里达的沼泽。[10] 航空业从这次空难中吸取教训，并促成了客户关系管理

（Customer Relationship Managment，CRM）的诞生，此后，全世界航空业一直采用一套标准程序，来帮助机组人员在极端情况下也能高效而安全地协同工作。[11]

2008 年，世界卫生组织发现，全世界 60% 以上的外科手术都曾有过遗漏关键安全措施的情况。[12] 对此，外科医生阿图·葛文德（Atul Gawande）制订了一份简单的手术检查表，以备手术团队核对流程，从而改进手术团队的合作，这大大减少了患者并发症和死亡发生的概率，目前这项检查表已在全世界被广泛使用。[13]

在航空和医学领域，技术也在不断进步，但工作的成败与否则取决于团队合作是否顺利。成功的团队可以利用 CRM 和手术检查表这类简单的工具来提高协作水平。无论你是团队一员，还是领导者，确保团队实现目标的方法无非是主动与团队沟通，重置团队以确保有效交付，还有就是使用清晰的工具组合，从而完成任务。而本书则能在这个过程中为你提供为团队赋能的必要工具。

善用 30 个工具，成就伟大团队

本书分 12 章（第 2～13 章）介绍团队合作所需的 30 个工具。不同工具适用于解决不同问题，读者可根据情况选择对团队最有用的工具。这 30 个工具既适用于在一栋办公楼共同办公的团队，也适用于分处不同时区远程办公的团队。

在你第一次组建新团队或重组现有团队时，可按全书顺序逐个掌握全部工具，也可以选择直接阅读对你来说最有用的章节。每项工具都可独立使用，并没有特定顺序。从第 2 章起，每章起始处附有"本章学习要点"，结尾处附有"关键要点"。最后一章中的研讨会提纲将有助于你在团队实践中应用这些工具。以下便是全书 30 个工具所在章节和工具清单。

第 2 章：组建团队

今天的工作环境迫切需要团队合作，我们比以往任何时候都更需要强大的团队。然而，对团队成员来说，成为团队的一员往往并不是出于自己的意愿，而是由现实决定的。有些任务适用于团队协同，但有的任务由个人完成反而更好。在组建团队前，你可以使用这些工具评估任务情况，判断你是否真的需要一个团队，并且选择正确的团队。

工具 1：是否需要团队——你真的需要团队吗？

工具 2：把群体变成团队——将一组人打造为一个团队。

工具 3：区分该选择的人、该回避的人、该分开的人——为团队选择成员的方法。

第 3 章：节省时间

现代人的工作总是异常繁忙，即便如此，你也应该腾出时间思考加入哪个团队才是合适的。在这个过程中，了解每个团队使用时间的优先级就显得非常重要。同时这些工具还将为你的团队节省更多的时间。

工具 4：时间表——评估团队的时间都花在了哪里，以避免浪费时间。

工具 5：会议剃刀——使会议主题清晰，会议时间更短。

工具 6：电子邮件协议——为电子邮件设定规则，减少不必要的电子邮件。

第 4 章：你的目标是什么

不同的人对成功的定义是不一样的。设定团队目标可以在团队成立初期便确立共同目标。以下工具将有助于团队创建共同目标，有效阐明并定义团队，让团队在一开始就有一个明确的方向。

工具 7：五个未来——定义项目愿景。

工具 8：重新设定目标——让团队的目标更具启发性，显得更有抱负。

工具 9：项目导航器——让团队一开始就在项目范围内保持一致。

第 5 章：激发动力

团队工作可能会很辛苦，有时会让人失去工作的动力。但当我们对工作抱有目标感，了解到团队合作能帮其成员实现个人抱负时，那它就会激励我们创造更好的成绩。下面这些工具能为团队工作带来意义。

工具 10：确定团队目标——你的工作是什么？为什么要这么做？

工具 11：为什么我们的工作很重要——让人们意识到自己工作的积极影响。

工具 12：个人激励因素——团队工作为你带来了什么？

第 6 章：就交付时间与交付内容达成一致

就交付时间与交付内容达成一致，是建立团队的第一步。我们不应该不假思索地接受命令，闭门造车地做出假设，而是应该使用工具尽早了解任务与项目，从而充分利用团队时间。

工具 13：旅程计划——为目标创建路线图，在路线图上标明可能遇到的调整和项目的关键流程节点。

工具 14：加速并反思——创建时间表，确定行动的优先级，在这个时间表中留出反思和完善的时间。

工具 15：评估成功的检查单——制订评估项目成果、项目产出和项目旅程的清单。

第 7 章：团队合作方式

团队成员应该对团队合作方式有概念，并且能对合作方式达成一致，而不是基于惯性开展团队工作。如果团队有特定的行为规范，那么就能实现权责明确，并让团队成员获益。以下团队工具是用于让团队成员就行为规范达成一致的，并且当团队工作低效时，能让团队以稳妥的方式重新制订规范。

工具 16：三种"签到"——在团队成员之间建立信任并培养同理心。

工具 17：我们的团队规则——有意邀请团队成员参与团队规则制订。

工具 18：远程文化解码——团队成员处于不同地区的最佳工作方式。

第 8 章：处理冲突

团队成员之间的关系可能并不融洽，团队冲突总是难以避免。以下工具能帮你设定团队成员的角色，为他们设定合理期望，以避免冲突，即使冲突发生也能有效管理，让团队氛围重回融洽。

工具 19：意见和直觉——尽早发现团队成员的分歧和认识错位。

工具 20：冲突预测器——预测并避免可能出现的冲突。

工具 21：六个为什么——从最近的问题中汲取教训以免再犯。

工具 22：个人干预——解决团队成员间的冲突。

第 9 章：获得领导者的支持

环境对团队工作效率有很大影响。如果团队没有得到决策者和关键影响者的支持，或者与组织发展方向相悖，那么团队的努力就可能是在做无用功。下面的工具主要用于团队向领导者争取支持。

工具 23：行驶方向——了解领导者的目标，判断自己的方向是否正确。

工具 24：领导者倾听工具——认真倾听你的领导者，与领导者构建起联系并相互理解。

工具 25：客户问答竞赛——将领导者与他们的客户连接起来。

第 10 章：利益相关者参与

每个团队背后都有着广泛的利益相关者群体，让利益相关者与团队保持一致可不是件容易事。如果向他们提供过多的信息，可能会导致他们介入、干涉，从而让团队工作偏离正轨，但如果过度隐瞒信息，则有可能在项目后续阶段得不到利益相关者的支持或批准。以下这些工具可以帮助你定期向利益相关者提供恰当而有用的建设性信息，让他们知情但不会阻碍团队工作。

工具 26：利益相关者秘密调查——了解利益相关者的真实观点。

工具 27：构建会议——让利益相关者对团队工作形成依赖。

工具 28：有善始，方能善终——由始至终都建设性地与利益相关者开展会议。

第 11 章：建立新的文化

成功的团队一定是了解自己团队文化的。无论是重新认识客户，还是采纳新的观点，还是以不同的方式工作，团队要帮助人们改变以往的工作方式。以下简单工具可以避免项目被否决，从而走向成功。

工具 29：解码团队文化——了解是什么塑造了团队文化，以及为什么会形成这样的文化。

工具 30：创建你的文化——用新的文化改变团队。

第 12 章：未来的团队会是什么样子

我们工作的世界变革不止，今天的技术、社会、就业和经济形式不断发展。成功团队会愈加频繁地学习以适应发展，让自己持续高效。超能团队不仅适用于今天的组织,对未来的组织来说更加重要。

第 13 章:30 个工具的团队应用

可以通过三种研讨会的形式来应用 30 个超能团队工具,重塑你的团队。无论小型团队还是大型团队,面对面工作还是远程办公,这套工具都能让团队成员与领导在奔向团队共同目标的道路上获益匪浅。

打造超能团队是每个团队成员的责任,拿起这些工具,让我们一起重塑团队吧。

第 2 章

组建团队

组建超能团队要从选拔优秀人才开始。但在挑选人才之前，我们先要问自己，是否真的需要一个团队。有些任务只能由团队完成，但有的任务由个人完成反而更好。如果你已经属于一个团队，问问你自己，这一组人是否真的是一个团队，还是说他们只是一组相互平行但没有明确共同目标的人？无论你已经是团队的一员，还是在组建团队的路上，超能团队方法都可以帮上你。

阅读本章时，希望大家摒弃"委员会"思维，"委员会"往往是由组织在职雇员组成的固定机构，他们终日忙于组织、商定会议议程，撰写、分发和审查会议记录，而很少有时间为组织贡献观点，也很少采取行动对工作施加影响。除了参加会议，他们几乎不做什么别的事情。

在构建一个超能团队前，需要明确的是，眼前的任务确实需要一个团队，然后我们要选择正确的人来组建团队，让他们紧密团结，为实现目标真正发挥作用。

本章学习要点：

- 如何确定团队合作是实现目标的正确途径。
- 如何确定这是一个真正的团队，而不是一群自称为团队的乌合之众。
- 如何将一组人转变为一个团队。
- 如何让团队在一起工作。
- 如何管理那些你明明不想放到团队里，但团队又确实需要的人。

你真的需要团队吗

我们总以为所有问题都能由团队来解决。我们总是组建或加入各种团队和委员会，希望它们能有所成就。但我们却从来不考虑组建团队是否真的能实现目标，也不考虑现有团队成员是否有时间和专业知识为实现目标做出贡献。我们盲目地将人员分配进团队，邀请他们参加定期会议，希望他们自然而然就能产出成果。然而并非所有团队都能产生高效率。如果缺乏正确的人员，走在错误的方向上，或者没有合格的领导，组建团队可能就是在浪费时间。

　　即使眼前的项目确实庞杂，团队合作也有可能比一个人单独工作还要低效，也更让人沮丧。你可能会把时间花在与其他人争辩上，而不是脚踏实地工作，这反而会延缓你的工作速度，降低你的效率。如果工作可以由一个人完成，就不要组建团队。如果我们希望得到一个超能团队，我们首先要明确，组建团队确实是解决当下问题的最好方法，而不是觉得我们得建个团队，于是便建了。明确了这一点后，再组建或加入团队。

工具 1：
是否需要团队

　　这个工具可以帮你确定你是真的需要一个团队，还是即便在没有团队的情况下也能顺利完成工作（见表 2-1）。如果一项工作一个人就可以完成，就不要在组建团队上浪费时间。相反，要给人们留出时间加入真正需要他们的团队。

表 2-1　是否需要团队

可以单独完成	需要一个团队
我知道需要做什么，并且可以自己做	我不确定什么是正确的方向，需要其他人告诉我该如何决策
我是主要的决策者，只要我有足够有力的论据，人们就会支持我的决定	我需要其他人的信息和观点，并且要让他们知道我的决定是综合了他们的观点
我有足够的时间独自完成这件事	我需要更多的人帮助我在截止日期前完成这项工作

可以单独完成	需要一个团队
这个问题很简单，需要一个人仔细考虑一下	这个问题很复杂，需要不同的专家合作来解决
当我向我的同事和老板陈述我的观点时，他们会从专业角度评判我的观点并提出建议	我的同事和老板不能提供项目所需的所有建议或专业知识，所以我需要请其他专家加入
通过项目管理就能解决，只要有人检查我是否在各个节点截止前都完成了该做的事情即可	这不是项目管理能解决的问题——我们需要在每个阶段讨论甚至辩论，才能决定下一步如何前进

"委员会"是解决问题的死胡同，他们引诱你提出观点，然后再悄悄地将其扼杀。

——巴内特·科克斯爵士

（Sir Barnett Cocks）（1907—1989）

我们到底是不是一个团队

只有当你们的目标达成一致，并一起朝着这个明确目标前进时，你们才是一个团队。在一个办公室工作或定期会面的一群人并不会自动成为一个团队。

部门并不是团队。你可能会发现，你在团队中表现不好的原因是这个团队根本就不是真正的团队。你们只不过是一群人在一起工作而已，你们没有共同的方向也创造不出成果。如果你身处一个委员会或工作组，抑或只是定期开会分享信息，你们没有共同的目标或截止期限，也就很难实现任何目标，特别是当你在会议之外提不出任何可供团队评估的建议且不具备正面的影响力时。

Essity 集团：
之所以选择团队合作是因为我们希望能一起赢

　　Essity 集团负责品牌建设的副总裁盖尔·德·塔尔豪特将该集团的文化描述为"以人为本"。这种尊重与关怀的品格植根于瑞典文化，而勇气是集团的信条和行为准则之一，这让人们能够自由发表意见，即便有时会让别人感到"很不舒服"。盖尔认为将团队合作视为理所当然是一种错误，盖尔建议我们必须面对这种错误，他说："把六个人放在一个房间里，让他们为一个共同的目标工作，并不能形成一个团队。"他说，区分协作与团队合作至关重要。虽然协作可以迫使拥有不同价值观和不同目标的人为某个项目（或个人目标）而服务，但只有团队才能让人们达成一致的价值观，并激发团队精神与彼此的能量。

　　之所以大家会在团队中工作，是因为我们想要一起赢，一起释放出远高于单纯协作的能量，这种能量会碰撞出火花，让团队实现远超预期的目标。将协作转化为团队合作能体现领导者的价值。

工具 2：
把群体变成团队

只有当你真的拥有一支团队时，你才能让他们成为超能团队。表 2-2 可以帮你确定自己是否服务于一个真正的团队，并告诉你如果并不在一个真正的团队中时，需要做什么才能将这一群人变成一个团队。

表 2-2　群体怎么才能变成团队

群体类型	群体定义	群体变成团队的情况
工作组或常设小组	一群坐在一个办公室或在同一家公司工作的人，他们希望实现的是公司总体的宽泛的目标，但不一起对任何特定项目负责	依据专业知识从这群人中选出一批人，让他们在具体截止日期前为公司提供具体的、可评估的举措、变革方案与新观念
委员会	一群定期会面的人，他们共享各自最新的工作信息，审视彼此的角色、责任与行为	委员会一致同意进行某项活动、提出某种倡议或进行某种变革，他们商定了具体目标和截止日期，并在委员会会议时间以外作为协作团队开展工作
小组会议或定期会议	一群定期会面的人，他们共享各自最新的工作信息，但在会议之外他们不会采取任何行动，也不会共事	这群人同意某个决定、战略或倡议，并在一定期限内采取具体行动，实现共同目标
智库	一群共同分析信息的人，通过分析，他们建立新的思维，撰写白皮书，或制订实践策略，为其他群体决策提供信息	这群人超越了理论层面，就如何在现实中采取行动提出观点，并参与行动落实他们提出的观点
研讨会与头脑风暴	一群人聚在一起，在工作之外创造新的观点	这群人同意就研讨会内容采取行动，并就实现研讨会的目标达成一致，彼此分享信息以实现目标

（续）

群体类型	群体定义	群体变成团队的情况
灵感与信息共享小组	一群人聚在一起分享彼此的灵感和信息，以便提高工作能力，并获得更好的工作经验	这群人将彼此分享的灵感与信息转化为行动计划或落实到具体项目上，并在会议之外采取行动实施这些计划或项目
公司董事会与董事会会议	一组董事会成员，他们开会讨论公司进展、战略发展和合规问题	董事会同意在截止日期前完成特定的项目或战略，并确定实现这一目标的时间节点和具体举措，每个董事会成员要在会议外采取行动以完成目标

选择合适的团队

> 尽管这听起来很傻，但是你必须要知道这点，在领导一个团队前，你应该清楚这个团队里都有谁。
>
> ——J·理查德·哈克曼[1]

仅仅有意识地组建团队还远远不够，我们还必须选对合适的人。与同事、老熟人共事自然会让人感到轻松，但超能团队需要最优秀的团队成员。

当你选择团队成员时，有三个原则需要考虑：[2]

- 多样性的背景。
- 多种性格的组合。
- 精简团队成员。

多样性的背景

多元化对团队的成功至关重要，不仅能避免团队陷入群体思维，还能提高成功的机会。然而，组建一个多元团队并非易事，人们总是喜欢雇用和自己相似的人。种族多元化固然重要，但背景、生活中扮演过的角色、年龄层、专业知识背景和生活经验的多样性则更重要。

当一个团队中的人更关注彼此的意见而不是决策质量时，团队就会陷入"群体思维"或"从众心理"[3]，而多元化的人员构成则可以避免这种情况的发生。

大量研究发现，多样性团队更容易成功。一项研究表明，无论是在东南亚还是在北美，在金融市场的交易中，混合种族团队的交易错误更少。混合种族团队的准确率会比单一种族团队高出 58%，研究人员认为这是因为当团队成员背景相同时，他们更可能赞同彼此，而混合种族群体更有可能挑战或质疑彼此的意见，这会"产生摩擦，但有助于决策，因为它能避免群体思维"。[4]

BAE 系统公司：
一个多元化的团队

布鲁克·霍斯金斯是 BAE 系统公司（BAE Systems）的产品和培训服务总监，该公司是一家国防、航空和安保公司，布鲁克领导着一支 1200 人的团队。她有意鼓励自己领导的团队保持多样性，无论是在性别、种族、教育背景还是经验方面，甚至是在个性方面都尽量保持多元化。她告诉我，不同的观点对人们合作的方式、新观点的数量、新观点的传递都有积极的影响，多元化团队的办公室里充满了正能量。

根据她的经验，在一个成员高度同质化的团队中，大家相处起来确实可能更融洽一些，但不一定能做出最好的工作成果。当不同的人一起工作时，他们可能需要更长的时间，面对更多挑战才能完成工作，因为他们起初并不总能达成一致，因此需要更长的时间做出决策，但一旦他们做出决策，结果则要远好于同质化团队的表现。

多种性格的组合

毫无疑问，人们会影响彼此的情绪、工作的动力和干劲。指望人们每次见面时都以最好的方式善待彼此显然是不合理的，但我们还是要考虑到团队成员的个性和工作风格的搭配，因为这些会影响团队的协同工作，并影响到工作的交付情况。

最重要的是，要确保你的团队是由"问题负责人"而不是"问题抱怨者"组成的。问题负责人会投入精力想方设法理解问题，并与团队其他成员分担责任，共同解决问题。他们会通过

富有挑战性、坚持己见和工作激情来创造正能量，当其他团队
成员有做出错误决策的风险时，他们也会勇于追究对方的责任。
问题负责人希望解决问题并找到答案。问题抱怨者则把注意力
集中在问题上，要么不想解决问题，要么认为问题无法解决。
他们沉迷于关注他人观点的错误，而无法提供替代方案，他们
对其他团队成员会产生严重的负面影响。

当选择团队成员时，领导者需要问自己："谁能激励我，
并帮我学习新知？"他们还需要问："谁是那个压榨团队时
间和精力，自己却毫无建树的吸血鬼？"所以，当我组建
团队应对复杂挑战时，我希望自己周围的人是充满能量的，
而不是意志消沉的，整个团队要拥有探索的热情。

——格雷格·沃姆（Greg Orme）[5]

这并不意味着团队中只能有乐观主义者。建设性的愤世嫉
俗者对团队来说也是至关重要的。建设性的愤世嫉俗者拥有丰
富的经验，他们能从其他利益相关者的怀疑视角出发，挑战团
队的假设。

他们会及时指出潜在的错误，并帮助团队避免陷入集体思
维，避免显而易见的低水平错误。建设性的愤世嫉俗者是希望
项目成功的人，他们提出的错误只是成功所需克服的挑战。

如果有一件事让我愤世嫉俗，那就是乐观主义者。

——朱利安·巴金尼（Julian Baggini）[6]

ITV：
致命的乐观主义者

　　我天生是一个乐观主义者，但这么多年来，我突然意识到，过度乐观的人与愤世嫉俗者一样致命。2006 年，我被聘为 ITV Imagine 的创意发展负责人，这是 ITV 的一个内容创新团队。我有着联合利华和卡夫食品等消费品公司的工作背景，在这两家公司的以往工作中，鼓励企业团队更有创造性始终是我的工作。

　　在我领导的几次创意研讨会中，我没有意识到，ITV 的这些电视工作者会把标榜"创意性"的观点看作高人一等的卖弄，也没有完全理解在电视台的创意文化中，创意是多么受到重视和保护。平心而论，我的乐观主义并没有带来好的成果，最初几场研讨会并不成功。我清楚地记得，有人在会议之后跑到自己经理面前抱怨："别让我再参加这种会了。"我很天真，完全低估了与我一起工作的电视工作者的创造性。这些人一辈子都在创造，他们不需要我的陈词滥调。我们从中吸取了教训，之后成功地与他们合作多年，我们只是激励他们发挥自己的经验与才能，而不是给他们上创意课。

　　在选择团队成员时对乐观主义者要保持慎重。他们的新观点和积极思考固然有用，但如果这些观点是随机、幼稚的或与工作不相关的，他们可能会比一个致命的愤世嫉俗者更让团队头疼。

精简团队成员

对理想团队的研究表明，最好的团队配置是 10 人以下。[7]只有 10 个人的团队可以更高效地工作，在彼此间建立牢固的关系，并且不会因为有太多人参与日程安排、共享信息、参与决策而陷入困境。较小的团队冲突较少，凝聚力更强，[8]并能取得更好的成果。[9]

问题是人们不想被排除在外，特别是在至关重要或引人注目的项目中，在你意识到精简团队的重要性之前，你会觉得似乎任何对项目感兴趣的人都是团队的一部分，但你会发现，团队的大部分时间都花在了组织团队开会上，而不是考虑团队能做什么上。

所以一个超能团队的成员不要超过 10 人，如果不得不加入更多的成员，先考虑下，能否根据具体目标，将他们分成子团队，并安排子团队成员定期会面。

工具 3：
区分该选择的人、该回避的人、该分开的人

高效的团队意味着要拒绝一些想要加入团队的人。表 2-3

可以用于检查你的团队是否选择了正确的人，拒绝了错误的人，只有这样才能实现最佳绩效。如果有新人要加入团队，一定要区分二者，这样他们才不会拖累你的团队。

表 2-3　正确地选择团队成员

该选择的人	该回避的人
专业人士，或有着丰富的经验	职位过高，让其他人敬而远之
能为团队带来新鲜观点，并给团队带来挑战	愤世嫉俗、烦人，对项目刻薄
精力充沛、好奇、积极、热情	职位过低，缺乏经验，想问题过于简化
希望成为团队成员，并学习掌握新技能	以为自己已经无所不知，且不愿意改变自己的观念
不同于现有团队中的其他人	不会给团队带来新的经验或专业背景上的多样性
拥有项目所需的专业技术与知识	只是因为不愿意被落下而加入团队
有时间参与会议并参与实际工作	希望参与团队工作，但是没有时间全职参与
愿意合作，并尊重团队中的其他成员	不相信合作的价值，喜欢欺凌或控制他人

该分开的人

我们经常将最难应付、最资深或具有挑战性的团队成员分在一组，因为只有将他们从核心团队中分离出来，他们才能继续自己的工作。可以将他们视为团队的利益相关者，定期向他们提供最新信息，收集他们的观点与团队分享，但要将他们与团队分开，以免阻碍团队发展。选择合群的成员与引入必要的

专业知识同等重要，让整个团队不受个人行事风格干扰是团队

成功的必要条件。否则，你是得不到一个超能团队的。

　　读者可参阅第 8 章"处理冲突"中关于如何应对棘手员工

的内容，以及第 10 章"利益相关者参与"中关于如何与高层

人员相处的内容。

超能团队是主动选择的结果

　　参加一场会议和加入一个团队是截然不同的。如果你希望
自己的团队是超能团队，就不要盲目地创建团队或加入团队。
相反，要考虑你的目标是什么，以及谁能帮你实现这些目标。
要对沿用现有团队的诱惑说不。在一个高绩效团队中，每个团
队成员都有其存在的理由，所以请主动组建团队，慎重甄选团
队成员。

关键要点

- 并非所有事情都需要由团队来完成——有时候由个人完
  成反而更好。
- 只有当团队成员拥有一个需要共同努力实现的目标时，
  他们才能被称为团队。
- 如果一群人致力于一个共同目标，并为此协同工作，那
  么他们就是一个团队。

- 有效的团队规模不会很大，但是是多元化的，并且需要一些特定性格的人。
- 那些难于合作的人，也可以在团队之外，为团队目标贡献力量。

第 3 章

节省时间

　　超能团队会将安排时间作为高优先级事项，并且会最大限度地利用自己的时间。有时间全职投入工作是构成团队的必要条件。如果团队成员连充分参与工作的时间都没有，那团队目标的达成将遥不可及。每当我们回顾过往的工作时，往往会质疑自己过去的工作方式，反思自己为何要如此匆忙而漫不经心地应对工作。工作中最大的挑战就是分身乏术，由于时间有限，我们甚至拿不出时间让团队成员在一起工作。当我们有限的时间被紧迫的工作所占据时，短视而应急的"救急"式工作就越来越多。团队成员没有时间建立联系，就无法一起考虑长远的目标。

　　我的第一份工作是在津巴布韦的华莱士实验室担任营销助

理。当时手头的办公用品就是一部台式电话、一个日记本和一摞白纸，那个时候可没有手机、电脑、打印机和显示器。当时大家通过打电话或者面对面交流，或者根据需要开会讨论该如何工作。往往在会议前几分钟，或者会议结束后才拿到会议材料。那时我们的大部分时间都花在交谈上，这让我们更容易相互理解。而现在，我们几乎没有时间与同事交谈，更不用说讨论重要决定或一起创造新观点了。

你要把团队的时间勾画出来，看看应该将精力投入在什么地方，只有这样才能成为超能团队。控制自己的时间是取得成功的关键，如果我们不会管理时间，就永远不会取得成功。我们的工作会越来越忙，所以解决问题的答案是不要一味低头苦干。

本章的工具将教会你的团队如何善用时间，帮助你识别浪费时间的黑洞，了解在哪里可以产生最大的影响，确保你的时间得到重视并充分利用，帮助你告别救急式工作，并走向进步。

本章学习要点：

- 团队如何识别和减少浪费时间的活动，以便将更多的时间花在更有效、更有影响力的工作上。
- 如何阻止其他人占用你的宝贵时间，让你能够更充分地参与团队工作并更高质量地完成工作。
- 如何避免将时间浪费在不必要的电子邮件上，为建立关系和思考腾出空间。

- 如何提高团队会议的效率，以便更有效地利用团队时间，完成更多工作。

你需要时间来参与团队生活

> 很明显，最宝贵的资源就是时间。
>
> ——史蒂夫·乔布斯（1955—2011）

当别人要求我们加入团队时，最容易忽略的问题就是我们是否有时间。在很多情况下我们没有选择的余地，不可以说不，在加入这样的团队时，我们很可能会尽可能少做工作。然而，对于一个团队来说，大家要想共同做好工作，就必须都为团队工作投入足够多的时间，并积极为团队的目标做出贡献。仅仅参加会议并不能让你成为团队的一员。

一天只有 24 小时，但我们可以通过提高效率和有选择地工作来创造更多时间。如果我们想让团队充满活力，就必须挤出时间参与团队工作。朱莉娅·霍布斯鲍姆（Julia Hobsbawm）在《完全连接》（*Full Connected*）一书中谈到，无论对个人还是组织，平衡管理时间都是至关重要的，这样他们才能不被繁重的工作所淹没，从而卓有成效地蓬勃发展。[1] 只有当我们能管理好自己的时间时，我们才有能力管理自己的知识和人际网络。

忙碌不再是身份的象征

舍弃悠闲自得，追求忙碌和过度劳累的生活方式，仿佛正在成为一种人们向往的身份标识。人们害怕无所事事，渴望在生活中寻找意义和动力。

——西尔维亚·贝勒扎（Silvia Bellezza）[2]

当人们向你打招呼，问近况如何时，你是不是会用"我很忙"代替传统的"我很好"？忙碌成了一种普遍状态，对有的人来说，这是证明他们工作努力、为人所需、工作重要的方式。但为什么偏偏忙碌才是积极而有抱负的标志呢？忙碌意味着我们无法规划自己的时间，任由他人摆布，无法选择注意力和精力集中的方向，这可不值得骄傲。忙碌可能确实是一件需要与人分享的事情，因为我们正在挣扎，需要帮助，但这并不值得夸耀。

我们必须首先认同这一点：满满的日程、长长的待办事项清单和没时间并不是成功与身份的象征，我们更需要关注的是工作的核心和实质。如果工作没有取得成就，那忙碌就毫无意义。

工作总会越来越忙

我们最需要的是时间，但用得最糟的也是时间。

——威廉·潘（1644—1718）

当前时代的压力前所未有。公司都在被提高效率的目标所驱使，很多原来由大团队负责的工作现在都在由小团队负责，人们的角色发生了变化，他们需要同时应对多个任务目标，因此面临着前所未有的挑战。这让当下的工作比以往要复杂得多，难怪我们总会觉得自己太忙了。

现有的沟通方式也让人备感忙碌。无论我们是身处不同的时区、不同的工作地点，还是在同一个办公室工作，数字共享信息替代了面对面的语言交流，让沟通变得更为简单而迅捷。这也意味着我们要面对快速回复对方的压力，没时间去构思高质量的回复或建议。这意味着我们会犯更多的错，无论是不假思索地回答，还是漫不经心地匆忙回复，都会传递一种负面的情绪。

毫无疑问，正因为要做的事情比以往要多，所以我们所需要的时间也更多。人们往往认为"加倍努力"是唯一正解，事实上，大多数人也是这么做的；在会议中途查看信息，在出差路上发送电子邮件，一有功夫就忙里偷闲跟进进度。我们都在陷入忙碌的陷阱：以为只要我们能够掌控一切，事情会变得更好。但这其实是自欺欺人，因为要做的事情会变得越来越多。

一味喊着"迎头跟上""低头苦干""加倍努力"是没用的。工作节奏会越来越快，我们眼前的信息也会越来越多。一味埋头苦干只会让人精疲力竭、错误频出、不堪重负，这对团队和工作都是破坏性的。

回复邮件不是我们的主要工作

在 2018 年，一项针对 2000 名美国知识型员工的研究显示，会议和电子邮件使用不当是阻碍员工顺利完成工作的首要因素。同一份报告显示，剔除了花费在电子邮件、会议、被人打断和管理工作上的时间后，普通员工只有 44% 的时间用在完成工作上。[3]

也不知道是不是真有这么一份工作，专门"处理"电子邮件。电子邮件肯定是个有用的工具，但我们不该把主要时间用在这上面。电子邮件就像一种让人上瘾的糖果，总让我们在做重要的事情时分心。处理邮件有时会让人上瘾，但往往是在浪费时间。

多处理一些邮件并不能改善团队合作。额外的邮件会让我们多出更多不必要的事，让我们反复阅读、回复，从而降低工作效率。电子邮件让我们既没有时间好好沟通，也没有时间高质量地思考。它让我们分心，降低思考质量，妨碍我们与团队成员建立关系。

> 忙碌是某种形式的懒惰——懒得思考和不加选择地行动。忙碌最常被用作一种伪装，帮人们逃避那些重要且让人难受的工作。
>
> ——蒂姆·费里斯（Tim Ferriss）[4]

工具 4：
时间表

你管理不了无法评估的东西。

——彼得·德鲁克（1909—2005）

如果想要为团队挤出足够多的优质时间，就要先评估时间都花在了哪里。如果你花点时间做个时间表，就能事半功倍（见表 3-1）。

1. 记录你在一周内花在不同任务和会议上的时间。

2. 按时间顺序排列，将花费时间最多的任务放在最上面。

3. 根据每项任务对工作目标的影响程度和重要性进行颜色编码（绿色：直接帮助实现工作目标；橙色：重要但不总是直接帮助实现工作目标；红色：不能实现工作目标，或占用我实现目标的时间）。

4. 制订行动计划，减少红色任务占用的时间，管理橙色任务时间，为绿色任务腾出更多的时间。

表 3-1 时间表帮你节省更多的时间

每周用时 （小时）	任务	颜色	评述	行动计划
12	阅读和回复电子邮件	橙色	一件需要做的重要事情，但影响我好好利用时间。剥夺了我与团队沟通的时间	限制早上查看邮件一小时，下午一小时，只回复重要邮件，其他的让我的团队来回答

（续）

每周用时（小时）	任务	颜色	评述	行动计划
4	去总部和老板见面	红色	会议只有一个小时，但路上花的时间很多，这段时间不能用来工作。由于只是我一个人去，所以也不能用这段时间来和团队沟通	问问老板能否开视频会，然后省下来的时间用在优先项目上，尽量安排与团队成员一起出行，这样就不会浪费时间，并且可以让大家跟上进度
4	数字化转型项目	绿色	这是我最重要的项目之一，直接影响到我年底能否拿到奖金	把这段时间记在日记里，尽量每周增加两个小时，让整个团队聚在一起制订解决方案
4	在开放式办公室举行临时会议和讨论会	橙色	有时这种会能对称彼此的信息，但更多时候只是让人分心的闲聊，还会干扰我的工作。与特定项目团队无关	一早就告诉大家我今天有重要工作要集中精力，然后戴上耳机单独预定一间会议室，这样就能避免分心。或者告知大家，在周二和周三，我需要"不分心"地工作。然后在其他工作日里，正常加入办公室讨论
4	与不同团队成员在食堂共进午餐	绿色	建立关系和进行非正式的对称信息是很重要的。我经常无意中听到一些对我的项目有用的东西	在日程中为午餐留出时间，并确保每天与不同的团队成员一起就餐
3	通信和市场项目团队	红色	我知道他们想让我出席，但其实我根本不需要去。我可以提前询问议程，提前通过电子邮件提出我的想法，或者只参加与我工作相关的部分	联系项目团队负责人，解释我将在每次会议之前通过电子邮件提出意见，并将每周发送一次我的直接报告，但不再参加他们的会议

（续）

每周用时（小时）	任务	颜色	评述	行动计划
3	与我的两位直接下属进行一对一的会面	绿色	这非常重要，有助于我了解他们的工作并及时委派工作	安排这些会议的优先顺序，并利用节省下来的时间在每周开始和结束时对每个直接下属进行跟进
2	人力资源会议	橙色	重要会议但通常计划不周	将每次会议缩短为 30 分钟，而不是 1 小时，并提前向人力资源部传达我的想法，这样一来开会就是为了做决策，而不是为了赶进度
1	跟老板碰头	绿色	管理领导的期望非常重要	优先安排这段时间，并将省下来的路上时间用来准备会议所需的即时而高质量的想法和意见

工具 5：
会议剃刀

时间是我们最宝贵的财富，但我们总是轻易让其溜走。如果我们想把更多的时间用在完成真正的工作上，就需要拒绝浪费时间的会议。

2019 年英国的一项研究发现，英国员工平均每年会有 26 个工作日用在开会上，而每 60 分钟的会议平均就会有 20 分钟浪费在迟到和技术问题上。该研究痛斥了当下流行的"演示主义"，超过 50% 的受访者承认在会议期间走神开小差，而不是积极参与。[5]

对团队来说，有三种会议剃刀可用于控制会议：

- 更好地安排会议。
- 少开会。
- 拒绝会议。

更好地安排会议

- 使用类似亚马逊的备忘录系统。制作一页备忘录，让团队成员在会前填写。备忘录上注明自上次会议以来的最新情况、关键信息和供团队讨论的议题。所有人都要预先看一下备忘录，这样就能一开会就直入主题。这样做有助于团队成员提前准备，理清思路，更合理地利用会议时间。

- 提供解决方案。如果有人想在会议中征求团队的意见，请他们准备好至少两种解决方案以供选择。这样他们就会提前思考自己的问题和答案，用更少的时间发现问题，用更多的时间听取建议。

- 提前安排会议。这本来是再明确不过的了，但还是有很多时间浪费在定会议室、调试会议相关技术上，让整个团队眼睁睁地看着你处理技术问题。提前安排布置好会议，这样团队会议就可以准时开始，当人们走进会议室时，投影仪上会有各式备忘录供他们参考。或者如果你真的无法提前进入会议室调试，那就不要使用什么电脑和投影仪，直接用纸打印，避免浪费时间。

- 边走边聊。对于小规模的会议，几个人一起边散步边聊，要比一起坐着开会效果更好。这让谈话更轻松，还能锻炼身体，并且最大限度地利用你的可支配时间——锻炼、决策两不耽误。

亚马逊：
拿到你的备忘录了吗

比起 PPT，亚马逊的杰夫·贝佐斯（Jeff Bezos）更喜欢使用备忘录。他在每次开会前，都要求召集会议的人提交一份备忘录（见表 3-2），概述要讨论的内容、决策信息以及会议想要的结果。直到确定所有参会者都阅读了备忘录，会议才会开始，即使这意味着要在会议室里等着所有人读完。这会带来更高质量的协作，因为召集会议的人会先思考，而不是不假思索地招呼大家来开一场准备不足的会。

这提升了会议质量，确保每个人一开始就掌握了会议信息，可以直接为会议主题献计献策。

表 3-2　会议示例：一页备忘录

会议名称和日期	数字转型会议，6 月 17 日
备忘录作者	医学博士帕梅拉·汉密尔顿
会议话题	从两个关键供应商中选择一个建立试点平台

	（续）
需要团队做出的决定	我们已经确定了两个潜在的平台供应商，用于构建我们的试点平台。这份备忘录详细说明了每种方法的优点和缺点，并要求决定与谁合作
本项决定的关键信息	备忘录的这部分将概述项目背景，详细说明两个供应商的优势和劣势、关键日期节点、任一选择对预算的影响以及其他决策者的选择和建议
支持信息	如果需要阅读有关此决定的更多详细信息，可参见附件或链接

少开会

- 如果你的例会通常是 1 小时，考虑将其缩短至 45 分钟甚至 30 分钟。如果你让自己团队的议程更高效，他们会更加珍惜这些节省下来的时间。

- 对于团队来说，应该设法就会议议程中哪部分最有用达成一致，并考虑在哪里可以减少时间，例如：不要把会议时间浪费在问题跟进（上次会议就一直在提）或下载文件上（直接通过幻灯片向人们演示）。

- 对于需要面对面沟通的情况，尽量开视频会议，而不是线下会面。这减少了花在路程上的时间，也避免了迟到的情况，而且一直盯着摄像头也有助于人们保持专注。

- 会议要准时开始。与团队成员达成共识，你会准时开始会议，如果有人来晚了，你不会等着他们开始，他们得自己跟上会议进度。当人们意识到时间有限时，他们就会尽量避免浪费时间。及时参会，开会开始就直奔主题。

- 让发言人在开始前，先阐明本次发言的目的，还有他希望听众在会后做什么，这就省下了会后集中讨论的时间，也可以让会议直奔主题。

拒绝会议

- 拒绝那些不能充分利用你的时间的会议。一开始这可能是种挑战，因为这会冒犯会议组织者，所以一定要对会议组织者表示尊重，认真解释拒绝的原因。这样当你下次参加会议时，他们会更重视你，并可能会试着改变会议的召开方式，以充分利用你的时间，让你想参加会议。

- 用预先录制的视频或播客代替汇报和更新，这样大家就可以在方便的时候观看或收听。有了智能手机和笔记本电脑摄像头，在演示文稿的幻灯片中录制口述或画外音就相对容易了。将这些信息发送给团队，而不是安排会议让大家在同一时间、同一地点进行讨论。

- 拒绝那些你可以边开会边读邮件的会议。如果你能同时完成多项任务而不需要说什么，就说明你根本不需要出席这个会议。

工具 6：
电子邮件协议

在某些场合发电子邮件比直接对话更恰当，但电子邮件会在不提高工作效率的情况下制造大量多余的工作。与你的团队就合适的电子邮件规则达成一致，并拒绝让电子邮件占用团队太多的时间和精力。

你可能会发现，每当你加入一个新团队或者组建新团队的时候，都需要重复做这些。人们通常会对自己花在电子邮件上的时间感到沮丧，并乐于共同制订一些规则来减轻电子邮件带来的负担。

你的团队可以通过完成以下 10 点，来制订一份电子邮件协议。

1. 尽量不发邮件：是不是有的时候我们明明可以打电话却非要发邮件？列出这些场景，即便这些场景是显而易见的，让团队成员相互提醒。

2. 发短信或语音：什么时候发送短信或语音更好？让大家都知道如何发语音。

3. 立即回复还是稍后回复：决定是立即回复邮件还是稍后再回复。如果把所有收到的邮件都存储起来稍后再看，那么光是把它们再打开一遍就足够用光你的时间了。如果一封邮件可以读完了就处理，就尽量不要打开两次。

4. 建个聊天群：建个 WhatsApp 或 Slack 的聊天群，来应对那些不需要长电子邮件的短项目。制订建聊天群的规则。

5. 收集评论：当需要通过电子邮件发送信息并收集反馈时，我们可以单独找一个人来接收其他人的个人回复，并代表团队统一整理。

6. 回复所有人：规定在什么情况下我们不需要回复所有人。

7. 24 小时回复：允许你的团队成员选择在限定的一天时间里回复电子邮件，而在此之外都不要回复邮件。我们需要在工作时间之外设置自动回复，让人们知道此时他们不会得到回复。

8. 工作时间：如果有人在非工作时间发送电子邮件，并希望他人回复，那就尽量安排他们在工作时间发送邮件。或者询问大家是否同意人们只在工作时间回复邮件。

9. 停止归档：你的团队是否需要花时间将电子邮件归档？如果不需要的话，就储存最重要的邮件，把其余的留在邮箱里，并在需要时搜索这些邮件。

10. 数字工作区：我们可以在项目中使用 Basecamp 或 Microsoft Team 这样的项目管理系统，将所有文件、操作、讨论和消息存储在一个地方。我们也能使用这些应用工具，而不是只用电子邮件来发送文件和会议记录。

具体的邮件协议可参照表 3-3。

表 3-3 制订邮件协议

尽量不发邮件	在团队中，只有以下情况需要发送邮件：当有两个人以上需要被告知时；当告知内容非常重要，需要认真阅读和思考时；当涉及具体约定需要记录，以备未来参考时。当我们讨论某件事时，可以直接跟对方交谈或打电话给对方，而不是发邮件。我们可以给所有发送不必要邮件的人准备一个罚款存钱罐，然后用这笔钱来请大家喝下午茶
发短信或语音	对于需要快速回答的问题，直接发送短信。对于收件人不需要反复看的告知信息，就发语音，这样我们就不用花很长时间来写一封别人只看一遍的邮件了

（续）

立即回复还是稍后回复	整个团队同意一般电子邮件只打开一次，然后直接回复。对于需要更多关注的电子邮件，我们需要时间思考，因此在 24 小时内回复。如果无法简单答复对方，我们就需要讨论后再回复。如果讨论需要一个小组的人参与，我们就将这个问题加入下次会议的议程中
建个聊天群	能够使用 WhatsApp 或 Slack 群的讨论就不使用邮件，这样就能及时获取与快速更新所有问题。大家一致同意不在群里发送"谢谢"之类的垃圾信息或者表情符号
收集评论	当发送需要评论和反馈的信息时，发送电子邮件的人将收集所有人的评论并进行编辑整理，而不是向所有人回复反馈。请给邮件加一个明确的标题和说明，这样你就知道什么时候需要什么了
回复所有人	团队成员一致同意禁止"回复所有人"，并更改我们的电子邮件设置，不将其设置为默认选项。如果需要发表评论或提供反馈时，则单独向负责汇编信息的人发送邮件。当有人忘记这项规定时，我们允许其他人提醒其注意这项规定
24 小时回复	团队成员承诺每天只花 1 小时回复电子邮件。每个人在一天中回复邮件的时间可能不同，我们承诺邮件必须在 24 小时内回复，但不要求即刻得到回复。如果有需要立即回复的事项，建议建群。我们可以在工作时间外设置自动回复，解释我们将在 24 小时内回复，或者解释新的电子邮件规则，直到所有人习惯为止
工作时间	我们尽量安排在工作时间发送电子邮件。如果电子邮件是在工作时间以外发送的，或者团队成员的工作时间不同，我们可以规定：除非自己处于工作时间，否则不予回复
停止归档	一些重要的电子邮件和文档需要保留以备将来参考——我们可以安排一名团队成员将其归档、存储并标记在一个共享文件夹中。对于其他人，可以不再花费任何时间在整理电子邮件和文档上
数字工作区	我们可以使用一个共享文件夹或数字工作区来存储项目的相关文件，共享所有文档，代替发送带有附件的电子邮件

时不我待

时间是我们拥有的最宝贵、最稀缺的资源。超能团队应该优先考虑集中精力和资源来实现目标。不要等待他人授权,也请收回你对自己团队时间的控制权。

关键要点

- 评估你在团队中花费和浪费的时间,以创造更多的时间。
- 提高工作效率和有选择地开展工作,可以强化我们的影响力。
- 为团队创建并贯彻新的邮件文化,停止在电子邮件上花费太多时间。
- 提高会议效率,为团队合作创造更多时间。

第 4 章

你的目标是什么

超能团队往往会专注于一个共同的目标,团队成员的所作所为都服务于这个目标。然而,尽管有时大家认为自己正朝着相同的目标努力,但其实他们并没有达成一致,或者对"共同目标"有不同的理解。

如果你曾经参与过有关"数字化""可持续性"或"个性化"的项目,你就会明白其实人们在用同样的词描述完全不同的事物。为了有效合作,团队必须明确定义目标,并制订实现目标的最佳方案。激励团队的关键一步就在于定义团队的目标。本章的工具将为你的团队提供一个清晰且一致的方向,以便团队成员朝着真正的共同目标努力。

本章学习要点:

- 如何定义项目的产出与结果。
- 如何为你的团队塑造强大而令人信服的成功愿景。
- 如何确保团队目标确实有激励作用,并能被全部成员理解。

产出和结果的差异

在营销工作中,目标是基于产出而定义的,它们是具体且可交付的,例如想法、创新观念和具体决策。但在公共部门岗位上,我却常常听到人们用"结果"这个词。两者的不同之处在于,产出是想法、决定和倡议,而结果是指日常工作生活中实际实现的成果。

我曾采访过汉普郡警察局的警督马库斯·卡托,当时我问他警察该如何设定目标,并且如何规划他们想要实现的目标。马库斯告诉我,警务工作的目标已经不再是基于产出了(例如逮捕了多少人),因为逮捕多少犯人并不意味着犯罪活动得到了根绝。尽管警方仍然要制止犯罪和逮捕罪犯,但他们当下的目标更多是以结果为导向的,比如根绝犯罪行为、保护弱势群体安全,以及与社区合作,让社区共同承担起保障人民健康与幸福的责任,从而根绝产生犯罪的土壤。

蒂姆·弗格森(Tim Ferguson)是 Audience 公司的首席执行官,他的团队负责举办大型企业活动。他是这样定义结果的:

如果某项成果是有形的，并且可以量化，那么它就是产出；如果它依附于感觉或情绪，它就是结果。蒂姆认为我们往往过于专注于产出（活动是否按时举行？对于计划我们是否及时对称了信息？），而忽略了结果（我们是否帮助客户彼此建立了更牢固的关系？）。蒂姆还表示我们不能低估结果的重要性，比如客户的信任和传递信息的真实性，它们是实现产出的关键驱动因素。[1]

在团队实践中，尤其是当团队面临压力时，我们往往更容易专注于产出和可交付成果，而不考虑结果。结果是团队工作的实际成果——它们可以是更具战略性的见解，也可以是某种文化变革或其对人们生活的影响。结果往往比产出更具情感性和激励性。我认为，确定团队目标的关键一步就是先确定结果和产出。

展望成功

> 团队合作是为了共同愿景而共同努力，将个人成就导向组织目标，它是让普通人成就不普通成就的力量源泉。
>
> ——安德鲁·卡内基（1835—1919）

精英运动往往都离不开视觉化训练：美国奥运代表团曾带着 9 名体育心理学家参加了 2014 年索契冬奥会。[2] 在运动员接受巅峰的体能训练之余，心理学家以视觉化方法让奥运会运动员想象成功的样子，以强化他们的精神状态。视觉化训练的成

果是显著的，研究表明，接受视觉化训练的运动员即便没有强
化体能训练，也提高了运动成绩。[3]

　　超能团队也需要展望成功。通过定义成功体验和团队可能
创造的积极结果，展望成功对于推动团队在竞争中获胜是非常
有力的方式。如果你首先关注或只关注团队的产出和可交付成
果，你就错过了用更宏大的目标激励团队的机会。当我们对未
来的成功结果有了一个积极的愿景，产出和可交付成果自然水
到渠成。

　　构建基于理想愿景的宏伟目标，可以帮助团队更好地发挥
作用，这才是塑造成功愿景的关键。教育研究表明，如果对某
人的期望低，他的表现往往会低于这些期望，而如果对某人寄
予较高期望，他甚至有可能超越这些期望。这被称为皮格马利
翁效应或罗森塔尔效应，研究表明，在工作场所中这个心理效
应也具有影响力。[4]

　　明确的共同愿景会让团队表现得更出色，意义含糊不清、
措辞不明确的愿景则会影响团队的绩效水平。[5]对目标的承诺可
以提高团队绩效，目标越是艰巨、雄心勃勃，越能提高绩效水
平，这就是谷歌设定的目标总是激进得让人不安的原因。[6]设定
雄心勃勃、理想主义或让人压力倍增的目标是促使团队取得更
多成就的绝佳方式，这意味着他们必须付出更多的努力才能完
成目标。

朴次茅斯蜂房：
成功愿景

志愿服务有益于参与者的身心健康。研究表明，志愿服务是令人愉悦且富有成就感的，它能让人感到自己确实在有所作为。志愿者工作改善了人们的健康状况，减少了他们的孤独感。[7]那么，为什么不让更多的人参与其中呢？这是因为志愿者往往很难找到合适的时间从事相关工作，也找不到与自己所拥有技能相匹配的工作机会，他们甚至都不知道有什么样的志愿者工作机会。

为此，我主持了一场志愿者愿景研讨会，主要面向当地居民和社区团体。我们要求参与者描绘一幅"志愿者完美世界"的图景。与会者先花了一点时间热身，然后很快就画出了简易的线条小人，还画出了这些小人之间的联系，他们和所在社区的联系，小人活了过来，走向户外，在大自然中四处走动。在一幅图景的正中心，有人画了一个蜂箱并解释说，蜜蜂象征着忙碌的人们，他们分享信息，为各种各样的花朵授粉。而蜂箱的中心是一个蜂房，每个人都可以在这里相互联系，这就代表着社区。在"志愿者完美世界"，人们感到自己为他人所需要，他们在这里社交，充满了活力，而让这一切成为现实基础的是蜂箱正中心的蜂房。

在这种理想主义愿景的驱使下，成立一个慈善机构的想法应运而生，该机构可以在志愿组织之间共享信息，将人们与恰当的志愿者工作机会联系起来，并建立一个强大、快乐而互联的社区。在这个理想愿景形成的一年后，朴次茅斯蜂房成了协调城市社区应对新冠疫情的中心，而正是一支地方志愿者队伍让这一切成为可能。

> 伟大的梦想不仅仅是愿景，还包括那些让梦想成真的策略。
>
> ——阿斯特罗·泰勒（Astro Teller）[8]

工具 7：
五个未来

"五个未来"是一个为项目创造成功愿景的工具，超能团队会通过乐观、正能量和动力，让人们走向成功。任何愿景的实现都需要以雄心壮志、乐观主义和理想主义为基础。如果团队塑造了一个令人不可思议的正向未来愿景，并将自己所有的希望、抱负和情绪都投入这个愿景，他们就会创造属于自己的"登月计划"，"登月计划"这个术语现在常用于描述雄心勃勃的目标。[9]

设想未来五年，你的团队取得了不可思议的成功，然后让整个团队从以下五个问题中任选一个回答：

1. 我们团队所取得的五个最佳成果是什么？（是指那些改变人们生活的重大而有意义的成果。）

2. 我们的五个最好的想法或倡议是什么？（是指我们创造的具体事物——任何伟大的想法，无论这些想法多么天马行空或难以实现，都可以在这里列出。）

3. 从我们的工作中受益最多的五个人是谁？他们会如何受益？（是指我们所帮助的不同的客户、顾客或居民。）

4. 我们团队的五个最重要的经验是什么？（这些经验让我们的团队变得更优秀。）

5. 我们最成功的五个决策是怎么做出来的？（这里是指项目旅程与我们能克服的问题。）

之所以把问题和回答都限定为五个，是因为这会让人们除了在脑海中一闪而过几个答案之外再想几个答案，这会让人们的思维更加活跃，也让人们更加雄心勃勃。愿景是一种追寻灵感的创造性练习，并不是什么战略调整。一旦团队一起思考了所有乐观的可能性，并创造了切实可行的成果，他们就可以利用本章稍后提到的"工具 9—项目导航器"，就团队的具体成果和产出目标达成一致。

其他愿景方法还有：设想在五年后占据一份全国性报纸的头版头条，或者像我们在上一个案例中那样创建一个"完美世界"。无论采用何种方式让人们进入对未来充满信心的状态，对团队来说都是一种无与伦比的激励。

重新制定目标

当我们定义团队目标时，人们常用相同的语言来描述截然不同的事物。往往题目越大，讨论的对象就越宽泛，鸡同鸭讲的情况也就越常见。这意味着，我们的目标越大，我们的设想往往就越糟糕。

"数字化"的滥用就是一个很好的例子。在一份委托行业领袖撰写的报告中，十分之九的受访公司都声称它们正在进行数字化转型，尽管只有四分之一的公司承认它们知道数字化转型是什么。[10] 数字化转型对不同的人来说意义不同，[11] 具有讽刺意味的是，阻碍数字化转型的真正原因在于文化和人，而不是数字化技术。[12]

因此，虽然我们可能会从"用数字化改造我们的公司"这样的目标开始，但要取得真正的成果，我们需要重新定义目标，比如"帮助我们公司的员工接受新的数字化工作方式"。前者是个大题目（数字化转型），虽然这个大题目可能是正确的，但它只能形成一个有限而基础的目标，这无助于我们解决问题。相比之下后者更好，因为它的内容更具体，有助于确定人们如何取得成功（帮助人们改变对数字化转型的态度）。

在《你想要你的客户变成什么样子？》（*Who Do You Want Your Customers to Become*?）一书中，迈克尔·施拉格提到了：成功的公司如何通过提出"希望客户变成什么样子？"这个问题，来重新定义公司目标。比如星巴克希望自己的顾客成为有眼光的咖啡消费者，谷歌希望用户成为寻找信息的合作伙伴。思考希望自己的顾客体验什么、相信什么或成为什么等问题，可以为公司带来巨大的成功。

工具 8：
重新设定目标

　　种瓜得瓜，种豆得豆，无聊的问题只能换来无聊的答案，激励人心的问题则能带来激励人心的结果。如果你能问出一个精彩的问题，那你的答案也能为团队赋能。这个工具是用于重新设定团队目标的，它能让团队目标更有意义，更鼓舞人心，更让人充满雄心壮志。

　　团队整体可以通过下面的视角，重新定义项目目标：

　　1. 改写目标，让它们简明易懂，就像是写给一个五岁的孩子，或来自其他行星的外星人。

　　2. 以一家知名公司或知名人士的口吻来改写目标。

　　3. 以拥有无限金钱或资源的人的口吻改写目标。

　　4. 以没有金钱或没有资源人士的口吻陈述目标。

　　一旦你重新定义并改写了目标，就用最好的语言来描绘它，从而为你的团队创建一个强大的、被重新定义的目标。

　　对于如何重新设定目标，可以参见表 4-1 的例子。

表 4-1　如何重新设定目标（最初的目标：用数字化改造我们的公司）	
写给五岁的孩子	我们要帮大家学习如何更好地使用电脑和互联网，这样我们就能打败机器人
写给外星人	帮助人类将他们的文化和智慧传播到未来，以及探索地球以外的生命
知名公司口吻（网飞）	用数字技术帮我们的员工加深情感体验
知名人士口吻（作家玛格丽特·阿特伍德）	将工人从日常工作的奴役和不必要的精神负荷中解放出来，让他们有更多的时间与不公正做斗争，创造更好的生活
拥有无限金钱	对公司中的每个人进行最高规格的数字化改造，为他们提供一切可能的技术
拥有无限资源	教会每位员工所需的一切技能，让他们深入理解和学习对工作有用的所有技能
没钱	跟每个人说他们必须自学如何将工作变得更加数字化，要不就离职
没资源	明天就关闭所有非数字通信手段，让员工自己想办法用数字手段解决问题
重要的设定角度	传播文化和智慧；提供更深刻的情感体验；让人免于奴役和苦役；数字化增强；员工自学
最终的目标	为公司中的每个人进行深度数字化改造，让他们能够亲身体验成功数字化转型的好处

界定项目范围

重大失败往往是源于团队未能就项目范围达成一致，或者在项目启动后对其进行了巨大的调整。我曾经为某个牙膏品牌做过一个为期 3 个月的创新项目，我为他们新建了一份六点收益清单，介绍了新产品的成分和销售优质创新产品的收益。但是在汇报时，一位高级利益相关者却不太满意。他一开始希望这个项目会设计一种新的红色包装，以便让产品在货架上更显眼。遗憾的是，他之前可没有告诉我们这个。

为了避免出现这种问题，联合利华使用了一种范围界定模板，该模板将所有项目整理为相同的框架，并在项目开始前让所有团队成员和利益相关者签字确认。

工具 9：
项目导航器

在整理以前应用过的各类范围界定模板的基础上，我归纳了团队在项目开始前必须遵循的要点，随着项目的推进，你可以对这些要点进行复盘（见表 4-2）。即使就当前的项目旅程达成一致也是非常重要的，因为人们讲述项目的方式，对之后团队做选择的方法有着巨大的影响。如果更合适的话，建议使用表中第 3 列的语言来描述项目。

表 4-2　项目要点

到目前为止的项目旅程	背景	我们开展项目的原因。到目前为止发生了什么？市场环境如何？团队或业务环境如何？为什么这比以前更加重要
目的地	目标	我们项目或团队的最终目标是什么？对我们的意义是什么？我们将创造或实现什么
指南	前提	我们受哪些信念、价值观和前提引导
天赋	资源	在项目旅程中我们所拥有的人才、权限、资源、时间、工具和预算

（续）

路线图	计划	我们打算去哪里？如何去那里？旅程的时间表是怎样的
陷阱	超出范围	我们不能去哪里？我们应该避免什么风险？我们不应该在哪些方面浪费时间和精力
宝藏	产出	我们想要创造或发现什么？成功的奖励是什么？我们要赢得什么？获得什么？交付什么
命运	结果	这段旅程对我们来说意味着什么？当我们得到正确而理想的结果后，这段旅程会如何让未来变得更好

制定远大而明确的目标

优秀的团队会朝着一个目标不懈努力，而雄心勃勃的目标会激发团队创造出优秀的成果。超越原有的业务目标，抱着宏大的项目目标，创造优秀的成功，同时很好地界定团队的工作范围，这些是超能团队取得成功的基础。

关键要点

- 对团队来说，项目带给人的收益（成果）与成功实现业务目标（产出）一样重要。
- 如果你的团队有着在可靠愿景加持下的雄心勃勃的目标，就能取得更多成就。
- 正确界定项目范围，并以同样的方式形成每个人都能理解的明确目标，是实现项目目标的关键。

第 5 章

激发动力

拥有实现目标的强大动力是超能团队成功的关键。即便你的团队有明确的愿景，但如果没有工作的动力，团队工作还是会困难重重。在坚定的目标之下，团队才能拥有取得更多成就的动力。有的团队即使面对艰巨的挑战，也能树立伟大的目标激励团队成员。某些团队成员简直就像核电站一样，即便面对大多数人都不得不选择放弃的难题，他们也能继续运转很长一段时间，并能为我们做出正确决策献计献策。内在驱动力和动力是超能团队成功的关键。

本章的工具可以帮助你深化团队成员对工作意义和目的的理解。

使用这些工具可以让你明确你的工作对你自己和你的团队

的意义和目的。

本章学习要点:

- 如何通过设定目标来激励团队。
- 如何揭示和阐明团队的目标。
- 如何加深对团队工作重要性的理解。
- 团队成员如何找到他们的动力。

目标激励团队奋进

> 组织不仅要致力于成为伟大的机构，也要关注自身的源头。
>
> ——全球人才趋势 2019[1]

在我为创作本书而进行的多次采访中，几乎每个人都提到了工作目标的重要性。帝亚吉欧的格兰妮·韦弗表示，成为一个成功团队的关键是明确目标——真正了解自己在做什么以及为什么要这样做，这样团队才能清楚自己在为什么服务。Essity 的盖尔·德·塔尔豪特表示，优秀球队成功的关键，并不在于训练强度更大或训练时间更长，而是在于队员共同的激情和渴望超越的动力。

现在有越来越多的公司明白，如果工作有意义，团队自然充满动力，效率也会高许多。在过去的十年里，我发现客户期望出现了明显的转变。仅仅盈利对它们来说是远远不够的，组织必须拥有某种理念，并为社会做出一定贡献。[2] 这种转变的出现在一定程度上是因为当下的公司更难掩盖不道德的行为，它们必须端正行为。同时，它们的客户比以前有了更多的选择，而多行善举可以让公司在众多竞争者中脱颖而出。如今，人们希望自己购买的商品和自己工作的单位，其内所蕴含的价值观与自己是一致的。

对于雇主来说也是如此——人们希望在一家广行善举的组织中工作。2014 年，毕马威的"更高目标"倡议在业界广受认可，因为毕马威在行业内有广泛的影响力。研究发现，领导者在工作中越是能传递高远的目标与影响力，其团队就越有动力追求持续改进和高绩效。[3]

如果公司能够与员工建立起紧密的联系，并让员工对自己的工作充满信任和自豪感，就能提高员工的绩效水平。换句话说，当工作拥有意义时，团队就会表现得更好。

帝亚吉欧公司：
广告中的性别

在过去的 20 年里，我参与了不计其数的项目，但其中出类拔萃的优秀项目屈指可数。这些优秀项目背后往往都有强有力的社会目标的支持。与世界上最大的烈酒和啤酒生产商之一帝亚吉欧的合作就是这样一个优秀项目。

帝亚吉欧在包容性和多样性方面处于领先地位。2020

年，该公司连续三年入选彭博性别平等指数排行榜[4]，2019年被路孚特评为世界上第二大包容性和多元化的公司，[5]并因这项工作被 Equileap 评为全球性别平等第一的公司。[6]

帝亚吉欧需要为旗下数百个知名品牌做广告推广，在2018 年，为了推动日常工作中的性别平等，时任首席营销官的西尔·萨勒（Syl Saller）启动了一项基于目标的倡议。西尔坚信广告能塑造文化，人们在屏幕上看到的东西会影响我们在社会中的行为。从历史上看，女性在广告中一直被错误的形象所代表。例如，在拥有两性角色的广告中，男性的发言量通常是女性的 7 倍，[7]从历史上看，在帝亚吉欧自己的广告中男性解说旁白的数量也远高于女性旁白。

我的同事安伯·德艾伯特主导了与帝亚吉欧合作的项目，希望通过项目改善广告中错误的性别形象。为此，我们为帝亚吉欧制订了一个性别形象方案，对其 1200 名市场营销人员、全球和地方机构员工进行了培训。帝亚吉欧在所处的行业中广泛采用了这套方案，特别是方案中的"反刻板印象联盟"。

我们特意设计了一个包括设计师在内的全部岗位都由女性出任的团队，这样一来，"女性视角"就主导了活动的各个方面。我们的目的就是激励这个团队去创造一份前所未有的获奖作品。可想而知，世界上最大的广告商主导的性别平等活动，会对社会产生怎样的影响。

员工并不一定非要选择为你的公司工作，应该让他们喜欢在这里工作，因此所有的工作都应围绕这一原则展开。

——雅各布·莫根 [8]

工具 10：
确定团队目标

并非所有的组织都有志于改变世界。然而，如果想为团队进行赋能，就应当创造一个团队目标，这个目标能在工作遇到困难时有力地推动团队继续前进。

在第 4 章中，我们讨论了如何为团队创建愿景，即设定一个雄心勃勃的目标。团队目标会为你的工作赋予意义，为了找到团队的目标，你需要明确这份工作的方向，这将为你的团队注入激情和能量，为团队打造一颗动力之心，并带来超越预期的成果。

一旦团队有了大方向，那么可以依次考虑以下六个问题，确定具体的团队目标：

1. 回顾第 4 章中创建的团队愿景，如果用一句话描述团队愿景的话应该是什么？

2. 为了实现这一愿景，你的团队需要拥有什么样的人才和专业知识？

3. 在这个项目中，我们需要承担哪些责任，拥抱什么信念？

4. 根据前面的三个答案，回答我们在这里工作的理由，基于这个理由的团队目标应该是什么？

5. 从团队目标出发，我们应该如何克服即将到来的挑战？

6. 从团队目标出发，我们应该如何取得进展？

回答以上六个问题，得出六个短句或六段话，以此确定团队的目标，明确如何实现团队愿景（见表 5-1）。

表 5-1　确定团队目标

目标问题	数字转型团队的答案示例（来自第 4 章）
一句话的愿景	为公司中的每个人进行深度数字化改造，让他们能够亲身体验成功数字化转型的好处
人才和专业知识	作为业内十位顶尖数字专家的我们，拥有来自公司内外的经验。如果我们都做不到，那就没有人能做到了
假设和信念	我们坚信，数字化转型将使公司中的每一个人的工作更轻松、更高效、更愉快，并将对他们工作与生活的平衡产生积极影响。这个项目将使人们的生活变得更好
团队的目标	我们的目标是让人们更轻松、更好地工作，通过数字工具节省时间，成就伟大的工作，帮助人们更好地实现工作与生活的平衡
战胜挑战	我们明白人们是抗拒改变的，因此我们必须时刻向他人证明，数字化能帮助人们更好地平衡工作和生活，而不是仅仅提高工作效率。我们必须耐心而和蔼地逐一说服他们
取得进展	先找到那些最容易接受数字化转型的人，先与他们合作，请他们向公司其他人介绍这对工作和生活的好处，并帮助其他人克服问题。试着去了解那些对数字化转型最抗拒的人，转型能给他们带来什么正面影响（例如，允许人们灵活地在家工作），并首先专注于向他们介绍这些正面影响

如何使用这项工具：

- 让团队中的每个人先在便利贴上写下这些问题的答案，先不要开始讨论，尽可能使用描述性的语言。
- 在每个人都回答完第一个问题后，再互相分享笔记，并从所有问题中选择一个最好的答案。
- 以同样的方式回答下一个问题。
- 不要止步于确定团队的目标，而是要明确这个目标意味着什么挑战，以及如何推进项目。
- 在回答中加入各种情绪与描述性的要素——目标越令人难忘，越富有意义，就越能激励团队。

团队的短期目标和长期目标应该是相互关联的，在项目起步时设立的目标，可能会随着项目推进而发生调整。所以，在团队早期工作完成后，你需要重新审视团队目标，并在必要的时候重新设定目标。

目标导向的领导力

简单地说，人们在工作中的感受深刻影响着他们的表现。

——施瓦茨（Schwartz）等人[9]

无论你的组织是否有明确的目标，你都需要激发团队成就优秀工作的欲望。对当下的工作环境来说，目标导向的领导力正变得越来越重要。大量研究发现，当管理者表现出目标导向的行为时，员工就会更容易满足，辞职的可能性就更小，并愿意付出更多的努力，从而表现得更好，不再愤世嫉俗。这证明了"现代职场之战不仅是规则和职责之战，也是一场心灵之战"。[10]

　　坚定的目标也能激励领导。约翰·蒙克斯（John Monks）是一位致力于发掘领导者创造力潜力的领导力教练。他告诉我，正是那些致力于将自己价值观和工作利益相统一的领导者，最终实现了品牌目标的进化。只有这样的领导者才能适应当下复杂而快节奏的世界，同时还能满足他们掌控项目过程的需要。

凯度咨询公司：
目标导向协作

　　在创作本书时，我访问了贝丝·安·卡明科，她时任凯度咨询公司（Kantar）的首席执行官。凯度咨询是一家提供数据、见解与咨询服务的公司，在 100 多个国家拥有 30 000 多名员工。在这样的企业中，因为项目数量庞杂，团队间的相互竞争往往大于共同合作。为此贝丝和她的领导团队提出了一项名为"目标导向协作"的倡议，以鼓励各团队能更好地跨部门合作。

　　凯度咨询考察了大量高潜力合作者，并制订了一套新的原则和项目启动方案。每个项目都是从确定项目目标（客户的问题）、项目成果（团队协作共同实现的目标）、团队成员（与谁在这方面进行合作）开始的，然后才确定项目范围、时间和预算。这样一来，大家就不会被打着"协作"
幌子的项目拖去干一些毫不相关的事。

　　这种目标导向协作给每个人都带来了更广泛的合作，
为他们的工作赋予了新的意义，给他们带来了全新的灵感，
让他们获取了新的专业知识，并且带来了更成功的项目。
正是客户让凯度咨询成为一家拥有丰富知识和深刻见解的
知名公司。作为一项跨部门的计划，目标导向协作对所有
人产生了影响，这在过去那种各自为政的部门结构下是完
全不可能的。贝丝告诉我，目标导向协作在业务和人员层
面都取得了积极的成果，提高了"客户价值、敬业度和满
意度，并创造了员工敬业度和驱动力的良性循环"。现在，
目标导向协作成了凯度咨询的核心价值，对于一家这样规
模的公司来说，这是一项巨大的成就。

工具 11：
为什么我们的工作很重要

　　人们会在与比自己重要的事情的联结中获得目标感，因为
这会让他们认识到自己的工作是重要的，让他们了解自己的工
作会如何影响他人。[11] 这项工具有助于你的团队更好地了解工
作，并带来积极影响，将团队的工作与团队之外的更大利益联
系起来。

如果你工作只是为了自己，一旦你跌入谷底，便会放弃，但如果你的工作对他人也有意义，你将永远不放弃，因为这是一个更伟大的事业。

——美国韩裔电视主持人蔡凯莉[12]

团队应牢记自己的团队目标，思考团队可能产生的积极影响。团队成员可以通过一起回答以下这些问题，来激励彼此在团队中的工作。你可以把团队工作看作造金字塔，是自下而上一点点构筑起来的。

1. 公司如何从这个团队所做的工作中受益？

2. 团队是否会对不同部门或公司其他部门的人员产生积极影响？

3. 我们的工作将如何使公司以外的人受益？

4. 这项工作将如何对我们的家人和朋友产生积极影响？

5. 我们的工作会给我们的社区或所处区域带来什么？

为什么我们的工作很重要（仍以数字化转型为例）

我们团队的宗旨是通过数字工具让工作更轻松、更成功，这些工具可以节省时间，帮助人们更好地平衡工作与生活。

我们的工作很重要，因为：

1. 我们团队的工作能提高业务效率，让我们比竞争对手拥有更多的工具并赢得更多时间，从而比他们做得更好。

2. 这项工作将对组织中的每个人、每个部门产生积极影响，因为会让他们的生活更轻松，让他们更好地平衡工作与生活的关系，让他们更喜欢现在的工作。

3. 我们团队的工作会成为数字化转型的典范，这将激励其他传统公司为了让企业和员工获益做出改变。

4. 这项工作使我们的朋友和家人受益，因为它让我们有更多时间陪伴家人、朋友，它也会改善我们的工作，让我们得到晋升，获得更多收入与他们分享。

5. 这项工作也让我们有更多时间在社区从事志愿工作，由于有了更多的休闲时间，我们也能增加消费，从而促进当地经济。

思考工作对他人的影响，这或多或少，可以间接或直接地提醒我们，应该帮助什么人以及如何帮助他们。这项工具可以帮你识别和牢记团队工作的内容，以及工作的重要性。

动力对心理健康至关重要

你可以从一个人身上夺走一切，唯独夺不走人类最后的自由：在任何特定的情况下选择自己处世态度与生活之道的自由。

——维克托·弗兰克（1905—1997）

心理学家发现，只要我们认为自己正在顺利地实现目标，目标感就会增强我们的自尊和自信。目标感也会让我们忽视眼前的焦虑和困扰，让我们感到自己是更伟大事物的一部分。[13] 有人生目标的人也会长寿。[14]

然而，对我们中的许多人来说，加入一个团队往往并不是自己主动选择的，而是被动加入的，即便你并不喜欢这个团队。你很可能会和自己不喜欢的人一起工作，服务于一个你根本不看好的项目，在一家你根本不在意的公司里工作。如果你身处这样的环境，情况可不太乐观，因为缺乏意义与目标的工作会让你丧失动力，并且感到不快乐。

即便你不喜欢当下的工作，也要尽可能在你所处的岗位和团队中找到意义和目标。因为只有这样，你才能在团队中找到让你继续前进的动力。

寻找个人动力

25 岁那年，我从津巴布韦来到了伦敦。移民到一个新的国家意味着从头开始，尽管我有营销经验，但在找到卡夫食品公司的行政工作之前，我还是做了几个月的酒店接待员。卡夫是一家很好的公司，我想只要自己表现得好，就会有更多的机会。上班第一天，领导把我领到一个大会议室，里面堆着几百个文件箱，快摞到天花板了。里面是过去 20 年的公司文件，我的工作就是将这里面的重要记录归档，然后再处理掉一些没用的文件。在 3 个月的时间里，我每天花 8 个小时处理这些文件——

累计约 500 个小时。

我工作的时候一直开着门，这样当办公室里有人走过时，我就能跟他们打招呼，并尽可能多地了解公司在做什么，还有这些路过的人都是谁。当归档工作结束后，屋里再也没有箱子时，我便扔掉了护指器，问他们是否还有其他工作要做。就这样我遇到了我的第一位领导兼导师——莫妮卡，从她那里我获得了对消费者的洞察力，而这将成为我职业生涯的基础。

无论你在做什么工作，认识到这项工作的价值都至关重要。无论是公司让你参与一项伟大的工作，还是你必须自己找到工作的意义和动力，只要你有充分的理由去完成这项工作，这份工作你就会做得得心应手。

> 为毫不在乎的事物努力会带来压力；为热爱的事物努力则会带来激情。
>
> ——西蒙·辛内克[15]

工具 12：
个人激励因素

这个工具会让你认识到，即便身处并不让自己心仪的团队，也不意味着自己会被"终身监禁"。我们可以审视自己的心态，通过询问自己从这项工作或这个团队中能得到什么，以此保持动力，尽管这并非易事。

但请注意，如果你在团队中备受排挤，或者你所处团队的工作是不道德的，甚至是违法的，那么你需要做的是向人求救，而不是使用这个工具。

假设你能接受现在的团队，并希望尽可能充分利用自己的经验，那么就可以试着问自己以下几个个人动力方面的问题，这样即便你身处困难的工作环境，它们也可以为你找到激发动力的方法：

- 这个团队会让你在未来获得新机会吗？这项工作是其他团队或项目的垫脚石吗？你需要从这次经历中得到什么才能让你的下一步行动成为可能？
- 作为团队的一员，你是否可以学习特定领域的专业知识、行为规则或技能？你是否有机会在履行新的职责中获得新的学习机会？例如，做会议纪要或搭建项目管理系统？
- 团队中有你崇拜或渴望成为的人吗？你能通过观察他们而向他们学习吗？他们在面对棘手问题时会做什么？你是否可以将他们的经验应用到自己的工作中？他们为你提供了什么示例？你应该如何向他们学习呢？
- 当你加入这个团队时，你能了解团队的动态、管理方式或内部关系吗？有什么书能帮你理解团队成员为什么要这么做吗？团队中是否有人可以为你解释，从而让你更深入地理解团队为什么以这种方式工作？

反思所学内容

- 通过观察你身边人的行为，反思自己的职业生涯，询问自己渴望实现的目标是什么，又该如何实现这个目标，为了实现这个目标，哪些是必须要做的，哪些又是绝对不能做的。
- 努力与团队中的其他人共情，更深入地了解他们为什么会以某种方式行事，也要对他们所面临的压力和所犯的错误共情，要接受这些压力与错误并给予他们支持。
- 考虑一下你打算怎么离开这里，或有没有其他选择——你想去哪里，你打算怎么去那里？
- 理解人们行事背后的原因：学习身边的人，或者从他们的缺点上获得借鉴。

把它们记下来

- 你能把团队中发生的事情记录下来，再加以评估或解读吗？你能准确观察到正在发生什么，对其进行分析，并确定它们的模式吗？例如，记录每次会议晚开始了几分钟，并将全年所有会议的迟到时间进行汇总，然后指出你的团队可以如何改进。或者记录一个人与团队中其他人交谈所用的时间，并分析他们通话中的超时情况。
- 你能把这个团队的故事记录下来，作为一个有趣的研究案例，在自己未来所扮演的角色中，将其教给其他人吗？
- 你能将自己的经历写成一篇私人博客或日志吗，你将来能

将这些博客或日志变成一篇文章、一本书,甚至一部喜
剧吗?

享受这个过程

在与团队相处的时间中,可以设计一些无伤大雅的实验、
比赛和游戏来享受这段时间,例如,将工作中常用的短语做成
一份游戏表单让成员来勾选,或者试着做个游戏,让所有人在
每次会议中都能坐在一把不同的椅子上。我丈夫曾经花了一年
的时间与一个大型成本削减咨询团队开会,在每次会议中,他
都会趁对方不注意的时候取走他们文件的回形针,他现在已经
有了一套足以让他自满的回形针收藏了。

联系其他人

- 向教练、领导者、老板、人力资源成员与同事寻求支持,请
  他们帮助你在团队中找到个人的动力,即使这份工作第一眼
  看来困难重重,让人找不到动力。
- 你能将自己的经验与其他资历较浅的同事分享,帮他们成
  长为下一代领导者吗? 帮助他人本身就能给人以巨大的
  激励。

动力很重要

无论我们做什么,身处一个什么样的团队,我们都可以通
过发现更深层的动力来为自己赋能,并完成工作。即使是最好

的团队也会面临挑战和困难，而正是这种内在动力才让团队团结一致。是动力推动我们起床去上班。动力本身远远比销售更多产品、在截止日期前完成工作重要，甚至比赚钱本身还重要。

当团队拥有目标时，就定义了工作的意义所在，以及从事这项工作的动力。一个被动力所驱使的团队，其成员的感受会更好，他们的工作表现也会更优异，找到动力对于实现出色的团队合作至关重要。

关键要点

- 目标会提供强大的动力，会让团队表现得更好。
- 定义团队的目标将有助于团队获得激情和能量，从而做出超预期的成果。
- 理解团队的工作为什么重要，让员工将自己与比自己更重要的事情联系起来。
- 在工作中找到个人的动力可以让你在充满挑战的情况也全力以赴。

SUPERCHARGED TEAMS
The 30 Tools of Great Teamwork

第 6 章

就交付时间与
交付内容达成一致

超能团队的成员有着强大的动力和高积极性，他们时刻准备采取行动，并注定能有所作为。当明确了团队目标，团队成员也找到了自己的动力后，他们自然会渴望开始行动。我是那种希望马上出发的人，不愿意花太长时间和精力思考要如何走、去哪里。然而，在开始团队合作之前，重要的是要就团队将要交付什么以及何时交付达成一致。一个超能团队会在深思熟虑后决定工作速度、截止日期以及成功标准。

团队需要坚持不懈地专注于目标，但不要过于死板，以至于没时间反思和调整。本章将帮助你在目标的框架下设计项目之旅。为了最大限度地利用团队的时间，你需要有足够的冲劲与合适的节奏。无论你的团队正在一个项目的中途，还是即将开始一个全新的项目，本章的工具都可以为你的项目旅程赋能。

本章学习要点：

- 如何制订项目旅程计划。
- 如何避免"不计代价，只求到达"的危险。
- 如何跟上节奏，避免精疲力竭。
- 如何给反思留出时间和空间。
- 如何使用试点和原型来实现更好的结果。
- 如何评估成功。

筹划你的旅程

知道自己要去哪里比知道如何快速到达那里更重要。

——梅布尔·纽科默

（Mabel Newcomer）（1892—1983）

即使你的团队已经有了一个非常明确的旅行目的地，你也需要筹划好你的旅程。2010 年，一名英国男子在网上买了一艘摩托艇，仅带着一张地图和一台不知道如何使用的收音机，便开始了环英伦三岛的海上之旅。他从泰晤士河出发，目标是南安普顿，理由是可以从那里出海。在到达南安普顿之前，他始终让海岸线在自己的右侧。但在他旅行了一天半，耗尽了燃料后，才意识到自己只是在围着谢佩岛打转，而不是一路向西。

海岸警卫队的伊恩·古德温（Ian Goodwin）用英国式的幽默轻描淡写地说："我们为他提供了相关的安全建议，告诉他去南安普顿的最佳方式是坐火车。"[1]

这是个有趣的故事，人们可能永远不会在脑子里只有个目的地的情况下，不做任何规划就贸然出发。然而，我经常看到很多团队在朝着大方向前进时，手上只有一堆举措和时间表，根本没有真正考虑过项目旅程的形式，以及如何追踪旅程的进度。

我的丈夫保罗是一名水手兼飞行员，每当我要和他一起旅行时，他都会在旅程开始前就花大量的时间去做航行计划，这令我印象深刻。和任何从事高风险工作的人一样，除非考虑好了天气条件、交通情况、通行许可、随身装备、交通载具和其他风险（比如像我这样的同行船员是否称职），否则他打死也不会出发。即使经过这些筹划，我们有时也免不了遇到在索伦特海峡遭遇大风暴或逆潮这样的风险。

航行计划可以预测潜在的挑战，并做好克服这些挑战的准备，让你安全到达目的地。所谓安全在很大程度上就是指你能否在旅途中时刻判断自己是否偏离了航线。

《格鲁夫给经理人的第一课》一书的作者安迪·格鲁夫是这样解释"目标管理"的：知道我想去哪里（我的目标），以及如何调整自己的节奏，看看我是否能达到目标（里程碑或关键成果）。他说，到目前为止，无论我们身在何处，我们始终需要里程碑来识别旅程进度，如此一来，一旦我们偏离了正轨，就可以马上做出调整。[2]

工具 13：
旅程计划

也许你身处一个氛围坦率的团队中，而且你也没有计划搞一场大冒险。然而，你仍然可以通过思考项目旅程会是什么样子，以及旅程中要面临什么挑战来为这次的旅程赋能，从而更好地筹划如何到达目的地。

制订旅程计划的四个要点：

1. 清楚地定义你的目的地。
2. 思考你可能面临的挑战。
3. 计划好到达目的地的路线。
4. 确定里程碑和项目路标，以跟踪项目旅程的进度。

清楚地定义你的目的地

如果你不知道自己要去哪里，就无法到达那里。

——安迪·格鲁夫[3]

在第 5 章中，你为团队制定了一个宽泛的目标。在数字化转型的案例中，这是"为公司中的每个人进行深度数字化改造，让他们能够亲身体验成功数字化转型的好处"。为了使其成为一个明确的目的地，我们现在需要更具体地定义它。

心理学家发现，一个明确的、具体的目标会显著提高生产力和绩效，因为明确的目标会让我们集中注意力，帮助我们不偏离正轨，并鼓励我们坚持不懈。[4]风险投资家、《这就是OKR》一书的作者约翰·杜尔（John Doerr）曾为制定正确的目标创造了一个简单的公式，如下所示：

　　"我将 _____ 按 _____ 评估。"

制定目标需要描述你将要取得的成就是什么，以及你将如何评估这一成就。[5]本章开头的冒险家在前往南安普顿的路上有的只是一个愿望，而不是目标。任何水手都知道，航行前需要计划好停泊的地点，并准备好安全到达那里的航行计划。

制定团队目标的第一步是将宽泛的目标更加具体化，包括将其分解为以下几个重要的可测量部分。

- 我们将为公司的 200 名员工进行深度数字化改造。
- 我们将为每个人就当前的数字工具使用情况、需要克服的障碍以及项目可能给他们带来的好处制订个性化计划。
- 我们将开展一项满意度调查，比较员工在数字化转型前后的工作感受、工作模式和工作与生活的平衡。
- 我们将为每个人提供定制化的数字化转型方案，让公司的每个人都在工作中定期使用至少一种新的数字设备、技术或程序。
- 如果到 12 月 31 日，根据调查显示至少 90% 的人因转型而受益，我们就算成功了。

一旦你心中有了明确的目的地，你就会知道什么能帮助你到达目的地，什么会挡住你的去路。

思考你可能面临的挑战

丹尼尔·科伊尔（Daniel Coyle）在他的《极度成功》一书中谈到：想象那些阻碍你实现目标的障碍，并观察其他团队，看看它们是如何克服类似障碍的。在大多数项目中，你应该清楚自己可能面临的挑战，比如团队成员在一年中最繁忙的时候易被工作量所淹没，或者需要召开董事会会议来决定你的项目是否能获得资金。仔细考虑你的项目可能面临的挑战，以及挑战可能出现的时间，根据你的具体目标列出它们（见表 6-1）。

表 6-1　思考可能面临的挑战

具体目标	可能面临的挑战
我们将为公司的 200 名员工进行深度数字化改造	员工流动数据指出，公司 20% 的人是今年加入的，因此我们需要考虑如何与新加入者合作
我们将为每个人就当前的数字工具使用情况、需要克服的障碍以及项目可能给他们带来的好处制订个性化计划	人们可能不愿意坦诚自己的工作方式和所需时间——没有人希望自己的工作受到不同部门的审查
我们将开展一项满意度调查，比较员工在数字化转型前后的工作感受、工作模式和工作与生活的平衡	在制订个性化计划之前，我们不知道该问什么问题，因此设计转型前的措施将很困难
我们将为每个人提供定制化的数字化转型方案，让公司的每个人都在工作中定期使用至少一种新的数字设备、技术或程序	在我们开始这个项目之前，很难知道项目是否可行。如果我们发现有一个团队在工作中无法做任何更数字化的事情，那该怎么办
如果到 12 月 31 日根据调查显示至少 90% 的人因转型而受益，我们就算成功了	我们需要小心谨慎地设计调查——以防人们不认同我们的评估结果

在这时，先不要担心如何解决挑战，只需将它们列出即可。正如任何做过风险评估的人都会告诉你的那样，仅仅谈论风险就会让你更加清楚在开始项目计划之前需要考虑什么。

计划好到达目的地的路线

你已经有了明确的目的地，也意识到了自己可能面临的挑战。现在，将这些结合起来，形成全年项目旅程的路线。一个简单的方法是在一面墙上或者一张 Excel 表上画出"旅程路线图"，从左到右（或从上到下）列出一年中的 12 个月。首先在最右边代表截止日期的那一栏上写出具体的目标。然后从每一个目标开始逆向推导，确定一年中什么时候需要做哪些事情，同时牢记你会面对什么挑战。

继续之前的例子，如果我们专注于特定的目标："到 12 月 31 日，根据调查显示至少 90% 的人因转型而受益，我们就算成功了。"挑战是"在设计调查时，我们应该小心谨慎，避免人们不认同我们的评估结果"（见表 6-2）。

表 6-2　从目标出发逆向推导，并且牢记挑战

12 月	90% 的受访者认为我们的项目对他们的工作有益
11 月	我们已经完成对 100% 的人的调查，并对结果进行了分析
10 月	部门负责人和首席执行官启动转型后的调研
9 月	项目团队为有需要的个人或部门提供指导和进一步的培训
8 月	项目团队为每个部门设计并提供新的数字工具方面的培训
7 月	根据试点情况，每个部门都同意接受至少一种新数字方法培训

（续）

6 月	各部门试用新的数字工具，找出哪些工具更便于工作
5 月	项目团队确定技术和计划，以实现人们在调查中确定的需求
4 月	项目团队分析调查结果，并为每个部门确定数字化可以改进的关键工作领域
3 月	项目团队根据部门会议的反馈，发布一份转型前调查，包括人们希望在 12 月前在工作中需要体现的具体需求
2 月	各部门负责人将数字化转型计划传达给他们的团队，要求它们参与进来，并强化各个团队的需求。向每个团队收集它们希望从数字化转型中获得的好处
1 月	首席执行官宣布公司数字化转型计划，目标是改善人们工作与生活的平衡

当你依次审视每个目标节点，然后推导一整年的工作时，你就会发现在哪里可能会出现问题、压力或困难，比如随着时间推进你会发现有的活动会冲突。例如，如果计划在 8 月进行全公司规模的培训，可那时候大多数人都在度假，那么你可能需要将你的进度提前。

一旦你完成了对每个目标的审视，你就能了解团队预期的工作量，以及预估每月完成的项目的进度。

制订计划、拥有自信和能力是消除恐惧的最好解药。如果你只是想通过双手合十的祈祷来解决未知的问题，那么当问题最终显现时，你只能陷入无助之中……你需要掌握情况，并把它分解成小块然后再逐一做计划。

——克里斯·哈德菲尔德（Chris Hadfield）[6]

确定里程碑和项目路标，以跟踪项目旅程的进度

现在你的团队已经有了大的蓝图，蓝图中包含全年的所有目标节点，以及所需完成的所有关键任务。现在需要弄清楚的是如何评估项目是否走上了正轨。当然，我们可以在定期的团队会议上检查项目的进度，我们也必须知道项目当前抵达的里程碑，这样才能及时做出调整，确保项目不偏离正轨。

回顾章首那个想要去南安普顿的冒险者，他需要确定每个旅途中可以识别的里程碑，这样才能知道自己是否正朝着正确的方向前进，比如他应该知道，在到达南安普顿之前要经过港口的大三角帆塔，更重要的是，如果他在航行了一天后还没有看到大三角帆塔，他该怎么做。

将项目旅程的关键节点设定为里程碑（旅程中的重要阶段），并指出该如何评估每一节点的进度（见表 6-3）。

表 6-3　确定旅程中的里程碑

第 1 季度：发布与组织级联会议	董事会成员已经批准了数字化转型计划，并与他们的团队预定了级联会议的日期。尽管有些部门的热情不如其他部门，但整个公司都在热烈讨论
第 2 季度：数字调查	我们正在对新的数字工具进行多项调查，并已确定对一两个关键试点部门进行试验
第 3 季度：数字化培训	团队正在相互讨论培训并鼓励彼此推进培训，尽管由于工作量的原因，一些部门比其他部门更难预定培训
第 4 季度：评估项目成果	大多数部门都接受了培训，并正在使用新技术，所以现在我们需要让人们谈论在转型中得到好处，以鼓励彼此

一旦你确定了旅程中的里程碑，确认自己是否走在正轨上

就变得容易了，你也可以轻松地根据节点调整旅程进度。对于长期项目来说，不断适应新的领导者、新的市场条件或新的客户需求尤为重要。例如，如果项目进行到了第 2 季度末，你还没有确定合适的数字工具来培训人员，那你可能不得不将培训推迟到今年晚些时候。

在里程碑之外，你还要与团队一起思考项目路标问题，项目路标通常是指在项目旅程中能遇到的给你警示或鼓励的标志。例如，根据我经历过的公司级别的大型项目的经验，"有人因为觉得自己被排除在项目之外而感到不满"就是一个重要的项目路标，它说明项目正在正确的道路上前进。有人想加入你团队与你同行是一个好的标志，这是吸引更多人加入团队的好机会。

在领导了创新项目几年后，我意识到有两种项目路标是创新产品的警钟。如果你听到消费者说"我喜欢这个产品，它很适合野餐的时候带着"或者"这个适合度假的时候带上"，你就应该马上停掉这个项目了。当消费者觉得自己似乎喜欢某个产品，却无法想象在日常生活中什么时候能用得上它时，那就应该放弃这种创新产品了。

"搬运舞台剧"活动：
被人模仿是个好兆头

　　另一个标志成功的项目路标就是被别人模仿。罗伯特·迈尔斯（Robert Myles）与萨拉·皮奇（Sarah Peachey）针对新冠疫情开启了"搬运舞台剧"（*The Show Must Go Online*）活动。这项活动计划通过 Zoom 直播，以莎士比亚的创作顺序依次表演莎翁的全部戏剧。在第 1 周的演出中，有 730 人通过 YouTube 观看了他们的直播表演，仅在 3 天内视频回看次数就超过了 10 000 次。在短短 8 周内，包括英国、美国、澳大利亚、新加坡、印度、俄罗斯等国在内的世界各地主要媒体发表了 40 多篇文章报道了他们，其总浏览量超过了 10 万。

罗伯特说模仿是最真诚的恭维。20 多家剧院公司、戏剧学院和大学就如何成功模仿这种线上直播演出广泛地征求社会各界意见，而很多个人演出者和国家机构也在复制他们的节目演出形式，甚至具体的串场词。[7]

避免"不计代价，只求到达"的危险

"不计代价，只求到达"（press-on-itis）是一种有据可查的因人为原因导致飞机事故的官方名称，它也被称为"目标锁定"或"匆忙综合征"。它是指飞行员在明明存在更安全的替代方案的情况下，却违背飞行建议或历史数据的指示继续飞行。例如，即使天气恶劣，也要一次次地尝试着陆，或者在雷暴来临前抢时间起飞。有 42% 的航空着陆事故和严重事故是源于"不计代价，只求到达"。

最容易发生这类问题的往往是那些职业自豪感强、想为航空公司与乘客提供优质服务的飞行员。[8]那些拼尽全力希望项目成功的团队也可能会陷入同样的陷阱。我们在一个团队中的工作时间越长，我们遇到的困难越大，也越容易不计代价，忙中出错。

许多成功的团队都认为，比起启动正确的项目，停掉错误的项目更重要。投入太多的项目或加入太多的临时项目会降低团队的效率。[9]当你的项目旅程变得异常困难，所有的项目路标都在告诉你应该停止时，这时候可能真的需要考虑是否要停掉项目。

> 你需要一个"停车标志"……停下某些事情天并不会塌下来。
>
> ——《2020 年毕马威创新影响力标杆报告》
> (Benchmarking Innovation Impact)[10]

如果我们在一个充满"害怕失败"文化的组织中工作，就很难停掉那些正在失败的项目。沙拉卡·卡兰迪卡尔（Shalaka Karandikar）是劳埃德银行集团的高级创新经理，她说："培养一种能鼓励人们快速尝试，并积累失败经验的文化是非常重要的。"她在项目目标中标出：要教会团队成员像接受成功一样接受失败。她认为在面对确定要失败的项目时，我们应该认识到及早终止项目会节省多少资源。

为了避免"不计代价，只求到达"这个问题，我们必须留意那些指示我们停止或转向的标志。《精益创业》（*The Lean Startup*）一书的作者埃里克·莱斯（Eric Ries）创造了"pivot"（转型）这个词汇：即便成功的创业公司，其要改变方向，也要立足于它们已经学到的东西。到目前为止从项目中所吸取的教训，也可以在重新调整的工作中被重新利用，但如果项目不能取得进展，而变成浪费时间和精力时，就是时候抛弃原来的计划，朝着新的目标前进了。

泰国航空公司就是一个很好的例子，在新冠疫情期间，该公司鼓励会员待在家里。为了支持保持社交距离和待在家里的会员，该公司会向这些会员奖励免费里程。为了对会员的行为进行验证，该公司开发了一个应用程序，会员需要下载该应用程序，程序会用定位技术来确定会员的位置。比起那些鼓励人们出行的公司，该公司的决策意义重大，尽管这个决策只是暂时的。[11]

关注项目旅程中的各种项目路标，特别是那些告诉你该转向的路标。总是不能在约定时间完成预定的进度，可能就是项目陷入逆境的标识。利益相关方不愿意在项目上给你时间或支持，也是一个标识，如果他们没有在自己的日程表中为你留出时间，那可能就是因为你的想法不够有说服力，无法吸引你的内部客户，而外部客户则更不会感兴趣了。

跟上节奏

大多数人都是受截止日期驱使的，团队也不例外。如果我们在每周二的团队周会上汇报进度，那么我们往往会在周一才完成工作。为什么我们要等整整一周才能完成工作？我们是否可以每天汇报进度，在当天下午采取行动，在一周内完成五周的进度？

这就是所谓的冲刺原则，即团队为完成目标而集中在短时间内完成工作，[12] 而这恰恰是敏捷工作的核心。许多团队都在以冲刺的方式工作，因为这种方式可以解决迫切需要解决的问题。

例如当新冠疫情迫使人们在家工作时，人力资源部门和 IT 部门需要协作，以实现团队的远程办公。当面对一个非常真实的截止日期，或者巨大的业务需求时，人们往往会拼尽全力实现目标。

对于非紧急项目，人们往往很难获得动力，因为如果没有压力，人们很容易以自己觉得舒适的速度开展工作，只需要每周或每月汇报进度，其间不需要有太多进展。我们之所以会自然而然地这样做，是因为我们中的很多人往往服务于不止一个团队，我们的工作是分散的。然而，如果我们不能专注于迫切需要做的事情，同时也没人要求我们尽快完成工作的话，我们就有可能被其他项目分散注意力，工作效率也会因此被稀释。在今天的工作环境中，事情变化很快，当你交付项目时，这个项目可能已经变得无关紧要。为团队的工作设定一个良好、清晰的节奏是至关重要的，因为它会为团队实现目标提供动力。

　　　越快越好。速度加快了价值创造，并加剧了价值增值。
　　速度快意味着可以在更短的时间内完成更多的工作。

　　　　　　　　　　　——迈克尔·施拉格（Michael Schrage）[13]

　　在我合作过的公司中，百威英博的快速行动文化可谓一骑
绝尘。我总爱说他们常年"像狗一样地工作"，因为他们的行动
会比其他公司快 7 倍。当我采访百威英博欧洲消费者战略、洞
察和创新主管劳拉·戴蒙德时，她说，百威英博非常注重行动，
因此项目启动得很快，测试和学习也很快。他们会在项目启动
时开展压力测试，以识别潜在风险，然后再进行小规模迭代和
改进，并快速学习。他们总是在寻找让他们在必要时进行转型
的早期项目标识。劳拉总是跟她的团队说："要冷静，并且有高
期望。"他们始终盯着自己的最终目标并加速奔赴，同时确保在
前进中不断学习。

　　尽管百威英博的工作速度很快，但速度并不是目的。快速
推进和时常反思的平衡对他们来说也非常重要。他们的诀窍是
迅速开始，失败趁早，汲取教训后继续前进。这不是盲目地加
速前进，而是以一定的速度取得进展，然后针对进展进行学习
和适应。马克·扎克伯格（Mark Zuckerberg）对脸书的司训就
是"快速前进，打破常规"，但人们越来越认识到，为了速度
而快速行动，对客户或社会来说是不负责的，因此这不再被认为
是一种好的做法。[14] 团队需要有行动的动力，也要让自己有时间

从工作中学习，并且能对客户负责。

动力源于人们对项目的控制权与对项目取得进展的渴望，而不是不情愿地等待行动的实施。思考如何为团队的工作设定一个良好、快速的节奏，给出即时、雄心勃勃的截止日期，并缩短时间以更快地完成工作。没有必要等待或拖延，早点实现目标，这样你的团队才能持续前进，取得更多的成就。

一次做一件事，最重要的是先从现在开始。

——卡罗琳·韦布（Caroline Webb）[15]

工具 14：
加速并反思

如果我们的时间只够完成现有的任务，那么我们就会只知道行动，而没有时间反思。当我在 ITV Imagine 工作时，我的老板是创意战略总监、广告界的传奇人物贝利·科蒂佐·博格思（Pele Cortizo Burgess）。贝利是一位能鼓舞人心的领导者，他给了我很多很好的建议，比如抱怨"技术问题"是不可接受的（这些问题应该提前就解决好），宁可备受争议，也不能甘于平庸（要让人铭记于心，而不是感到无聊），要思想灵活，在会话中要让内容"生动而流畅"。在准备汇报演示时，我们要帮助演示者学会掌握细节和故事之间的平衡。在我讲故事时，每当听众觉得我跳过了一些有趣的细节时，他们总会说："再生动点！"这意味着"在继续深入这个故事前，我们想多听点有趣的细节"。如果我的故事进展太慢，听众感到无聊时，他们往往会说"往下讲吧"，这意味着"他们希望能抓住故事的重点"，或者希望"了解接下来发生了什么"。如果你只是一味地推进故事，故事就会变得索然无味，但如果你总想在故事里填各种料，那你的故事就会没完没了。

"生动而流畅"是这个工具的灵感来源，这项工具希望你在项目中能抽出时间来加速和反思。不要让团队陷入一系列冗长的工作中，而是要确定一些要点，让你的团队可以快速而深入地加速工作并取得进步，这样你就可以给团队留出足够的时间和空间来反思、学习和改进项目，让他们可以加速推进项目。

在使用这项工具前，请再审视一下你的项目旅程，找出可以加速的地方，为之后的反思留出时间。例如，如果你的团队将在四周内召开一次会议，那你可能需要用五周时间做以下工作（见表 6-4）。

表 6-4 项目工作计划

第 1 周	设置日期和时间，选择并预定场地，考虑邀请谁
第 2 周	选择主题，设计和发送邀请，创建内容和品牌
第 3 周	查看邀请回函，设置菜单，最终确定场馆设置和组织工作的细节，发送最终提醒，创建内容和打印
第 4 周	听取重要演讲，安排场地，举办活动
第 5 周	向供应商付费，收集与会者的反馈，总结哪些工作进展顺利，以及未来要做哪些不同的事情，预定下一次的场地，然后休息

无论你的团队是大是小，参与活动的规模如何，我都希望你们能在安排好活动日程后再回来复盘一下，并且将举办活动的各项任务均匀分散在四周的时间内，尽量在任务节点的最后时间再执行任务。这样做是为了避免让工作太密集，比如很多工作集中于某一时点或者某个人身上。这样我们就可以为团队设置一个适宜的工作节奏，并且能每周汇报更新项目进展。但如果并没有什么合适的理由把具体任务拖延到最后一刻呢？那不妨将所有的组织工作集中在第 1 周，然后给你的团队更多的时间反思，根据活动的实际情况进行调整。

这个工具需要你将"加速"任务（行动和推进）与"反思"任务（学习、改进、总结）分开。尽早，并尽可能多地完成加速任务，给团队留出一些时间来改善活动。

表 6-5 讲的是在同样五周的时间内，如何重新安排时间，记得留出一些时间来学习和进步。

表 6-5　加速和反思

第 1 周	加速：设置日期和时间；选择并预定场地；考虑邀请谁；选择活动主题，设计并发送邀请，并确定邀请回函，设置菜单、场地和组织工作的细节
第 2 周	反思：查看邀请回函，看看都谁来了，他们接受邀请的理由是什么，以及他们想要从活动中得到什么；了解谁不会参加，他们为什么拒绝邀请，我们需要做些什么才能吸引他们参加；从人们正在参加的其他活动中获得灵感；询问与会者，他们去年参加的最佳和最差的活动都是什么；根据回函的反馈，创造新的想法，使这项活动对参加者更有吸引力，并吸引那些拒绝参加的人

（续）

第3周	加速：更新活动方式、信息、议程、外观；向那些拒绝的人发出新的邀请，看看他们是否会改变主意；创建内容和活动品牌，以反映改进后的活动理念；如有需要，跟进确认演讲者、具体的组织工作和活动主题
第4周	反思：反思进展并做出反馈，查看新的邀请与跟进回复；排练重要演讲和内容并依据反馈情况和与会者意见进行改进
第4周和第5周	加速：完成所有组织工作，并向与会者发送议程确认书；举办活动；向供应商付款并预定下次的场地
第5周	反思：对反馈、成功经验和学到的东西进行反思，并为下一次活动构思想法，然后休息

不要把举办活动误认为是成就。

——梅布尔·纽科默

这个例子说明了应当在项目早期用尽可能多的行动推进项目，这样才能让团队有时间进行反思。你也许担心这会增加工作量，而事实也正是如此。这意味着在项目早期阶段，每个人需要同时从事大量工作，他们不能等着管理人员依次给他们分配工作。

通过提前的加速工作，你可以为反思、学习和适应留出时间。如果你的日程表上已经安排满了工作，而唯独没有给反思留出时间，那你只能获得平均水平的成绩。我们不能在没有时间反思和改进的情况下盲目地举办活动，而是应该提前完成基本的组织工作，让你好有时间来让这次活动与众不同。比起一味地推进行动，有些团队成员在有时间思考和反思时工作得更好。这有助于我们避免将行动误认为成就。[16]

> 一定要将"加速"会议与"反思"会议分开，因为很难在一场会议中同时进行项目评估和团队激励。即便这两个会议必须在同一天举行，也可以在中间休息一下，或者换个房间召开另一场会议以示区分。这是一种"向前一步"然后"后退一步"的方法：先专注于细节，把事情做好，然后坐下来反思自己的处境。热烈的行动之后是激烈的反思。这些工作可以改进项目所交付的内容。

无论是在商场还是在战场中，快速反应和适应能力都至关重要，随着技术和颠覆性力量变革步伐的加快，这种能力变得越来越重要。

——沃尔特·艾萨克森（Walter Isaacson）[17]

准备，开火，瞄准

完美主义是进步的敌人。

——温斯顿·丘吉尔爵士（1874—1965）

迈克尔·施拉格的《严肃游戏》（*Serious Play*）一书中引入了"准备，开火，瞄准"的概念，这挑战了传统的"准备，瞄准，开火"概念。所谓"先开火后瞄准"是指先创建一个不成熟的新想法（比如一个快速推出的原型软件），看看人们的反应，并从这些反应中学习，而不是在提出新想法之初就列出一份完美的需求清单。迈克尔说，原型的价值不在于原型本身，而更多地在于它所产生的反馈，包括讨论原型所引起的对话、争论和协商。

埃里克·莱斯曾提出过"最小可行性产品"的概念，这指的也是一种早期原型版本，它允许团队用最少的努力从客户那里尽可能多地学习与收集信息[18]。而作为创新领导者的毕马威会计师事务所关于创新的报告也表明，成功的创新团队是因其测试能力而脱颖而出的[19]，一位创新客户告诉我，她有目的地给用户体验设计师设定有挑战性的截止日期，这样他们就不会花很长时间来打造和完善外观。她说："如果产品过于精致，客户将不愿意挑战它，我们也无法获得有价值的见解。"

对于团队目标，应当思考其原型版本是什么，以及如何对这个版本进行试错，以获得反馈并从中学习。在加速和反思的例子中，我们提前发出邀请的理由正是如此，先看看谁会接受邀请，谁不会接受邀请，然后根据反馈来改进活动，从而邀请更多的人参加活动。

早期的想法就像种子，你可能并不知道它会长成橡树还是杂草，但是总要先播种才行。大多数伟大的想法都是从卓越的需求或概念开始的，它们欠缺的只是执行。尽早地开始播种，然后获得经验教训，才是你需要关注的。不要空等着 100% 完美解决方案的出现，先考虑怎么推出一些产品，以便尽早获得反馈。

实验的目的不是解决问题，而是产生见解。

——迈克尔·施拉格[20]

工具 15：
评估成功的检查单

　　本章最后一个工具也很重要，人们通常在一开始没有把它纳入计划，结果到最后便忘了它，它就是评估项目成功与否的标准。有的人并不倾向于在项目一开始就想着怎么评估成功，而是选择直接行动，以为当我们达成目标时，自然就会知道该如何评估结果。但在项目最后，我们往往会直接转向新的目标，而没有时间评估是否达成了目标。

　　评估成功并非易事。当然，你可以简单地判断你是否在特定日期举办了一场活动，或者你是否设法让公司 90% 的人从你的数字化转型项目中受益。例如，我们可能有 90% 的业务从数字化转型中受益，但如果项目成本远高于原定预算，那就不能算是完全成功的项目。如果我们举办了一场令人惊艳的活动，但只有 50% 的出席率，那就不能算是真正成功的活动，尽管我们实现了特定的目标。比如我们设法到达了南安普敦，但在海上滞留了多日，筋疲力尽、浑身被晒伤，甚至可能还遭受了心灵的创伤，这算是成功吗？恐怕不能。

　　这就是在项目开始时计划如何评估成功，然后在项目结束时实际评估成功的重要性所在。我们倾向于只评估时间和可交付成果，但有时候我们也需要评估结果和项目旅程本身。

　　评估成功意味着团队要知道怎么才算成功，下面这份清单为你从三个领域设定成功标准：可交付成果、结果和旅程本身。

评估可交付成果

- 怎样才能知道我们是否实现了具体的可交付成果？
- 怎样判断我们的成果交付是否及时？
- 当我们成功后，旁人会怎么评价我们的团队？
- 怎样判断我们是在预算范围内交付了产品？
- 怎样判断我们是否正确使用了资源？

评估结果

- 怎样判断我们是否高质量地交付了成果？
- 有什么定量标准可以评估我们的成功？
- 当成功完成项目后，你会对家人说什么？
- 如果我们项目完成得好，公司会怎么向客户介绍我们的项目？
- 如果我们成功了，我们能在公司之外看到什么变化？
- 当我们完成这个项目后，我们希望人们在社交媒体对此说什么？

评估旅程

- 怎么判断团队整体工作的好坏？
- 我们希望团队成员在项目结束时会有什么感受？

> ● 作为团队整体，我们在这次旅程中学到了什么？
>
> 　　从团队整体角度来思考这些问题，思考该如何评估你的可交付成果、结果和旅程本身，然后制订一些评估标准，以反映这三个要素的重要性。

积极恢复

　　每个运动员都会跟你说休息很重要，但研究发现，从高强度训练直接停下来什么都不做，可能并不是最佳的身体康复之道。这就是积极恢复的意义所在——在高强度训练后的几天里适当进行低强度活动（例如散步、骑自行车或瑜伽），可以帮助肌肉恢复与重新适应，从而提高整体水平。

　　就像在体育运动中一样，团队奔赴目标所需的精力也不是线性增长的。在全力以赴工作之后要对所学到的东西进行反思和改进，例如，团队应当在两次迭代之间完成"冲刺回顾"，思考到目前为止所取得的成就，并在下一次迭代前确定需要改进的地方。[21]

　　要像对待优秀运动员一样对待你的团队成员，计划好你要在什么时候交付什么，顺着团队能量的节奏自然起伏，以高效地实现你的目标。

关键要点

- 完善的项目计划是通往成功的最佳路线图。
- 节奏很重要，千万不要盲目地坚持下去。
- 成功的项目需要维持行动和反思的平衡，因为实现团队目标的过程不是线性的。
- 从长远来看，试验和原型设计可以节省时间，并获得更好的最终结果。
- 真正的成功不仅取决于产出和时机，还取决于结果和旅程本身的质量。

第 7 章

团队合作方式

如果你身处一个任务导向的成功团队，那么你往往想的就是努力工作，而不愿花时间思考该如何工作。但这么做其实一点也不高效。优秀的团队之所以表现优异，是因为它们找到了优秀的合作方式。效率低下的团队的工作日程总是万年不变，沿着过去的惯性，机械地延续以往的方式。当我们面对时间压力时，往往会来不及思考自己的工作方式，只是一味继续手头的工作。

每当我向家人描述自己作为研讨会主持的工作时，我总会跟他们说，这项工作主要是教会人们该如何正确相处，从彼此身上获得真知灼见。对一般组织来说，糟糕的合作方式是常态，但这不意味着我们要随波逐流。我们是有机会把糟糕的平庸合作转化为出色的团队合作的——这是实现目标的最有效方式。

本章提供了一些简单的方法，让我们学会如何良好地合作。如果你的团队以合理的方式合作，团队成员就能从彼此身上学到更多东西，并更加享受工作的过程。

> 一支球队能否以一个团队整体来参加比赛，是这支球队成败的关键。也许你拥有世界上最伟大的球星，但如果他们学不会一起打球，你的球队就一文不值。
>
> ——贝比·鲁斯（Babe Ruth）(1895—1948)

本章学习要点:

- 如何在团队中建立信任和发展"团队精神"。
- 如何就团队的语言、流程和行为达成一致。
- 当一个团队在不同的地点工作时，如何有效地合作。

建立信任和团队合作

当你想到自己曾经参与过的优秀团队时，你想到的是工作，还是与你共事的人？对我来说肯定是人。

在我第一次创业时，我的团队是一家创意工作室，主要服务于一些全球知名的电视节目。电视节目的制作团队每年都会开会，分享各种点子与合作计划，而我们的团队则负责促成这些活动。服务于世界上最有创意的人固然是鼓舞人心的，但也充满挑战。

有一个项目，在我的记忆中挥之不去，因为这个项目既是我的团队表现最好的时候，也是感受最糟糕的时候。当时我们正服务于一档非常成功的电视节目，其中不乏知名度很高的客户，他们聪明也善于协作，但我们的主要联系人每当遇到压力，就喜欢欺负周围的人，尤其是我们。因此，在一个糟糕的氛围之下，我们总是被迫交付了远超预算商定的成果。

尽管如此，我们的团队还是相信自己能胜任这个项目，我们积极合作，举办了一场精彩的活动。我今天仍然为这项工作感到骄傲，不仅因为我们举办了高质量的研讨会，还因为我们能够在困难重重的情况下精诚合作、相互支持。这之后过了 10 年，那个项目的成员依然是我的好友和同事，并且还在合作。

优秀的团队总是能够在压力下精诚合作，这是因为即便在遭遇困难时，它们仍然相信自己正在做的事情，并尊重彼此。因此，团队是结交好朋友的好途径。如果你们能在面临挑战的情况下顺利合作，并一起交付出色的成果，那么即便在项目完成后相当长的一段时间，你们的相处也会很融洽。

相互尊重和重视彼此的团队对我们每个人都有益。重视诚实反馈、相互尊重和开放的团队有 80% 的可能能保持健康的情绪。快乐的员工的生产力往往比不快乐的员工要高出 20%。[1] 为了提高效率和生产力，我们需要倾听与理解彼此。

优秀的团队成员可以共同建立合作的纽带，从而公开分享彼此的想法、关注点和问题。谷歌的一个名为"亚里士多德计划"的项目曾调查了有效团队的秘密。他们发现，成功团队的两个首要因素是"心理安全"（"如果我在团队中犯了错误，团队成员不会跟我过不去"）和"依赖性"（"当我的队友说他们会做某事时，他们就会坚持到底"）。[2]

> 谷歌通过收集大量数据，并对其进行分析，最终得出了一个优秀管理者一直知道的结论。在优秀的团队中，成员们相互倾听彼此，对彼此的感受和需求非常敏感。
>
> ——查尔斯·杜希格（Charles Duhigg）[3]

但在当下，团队凝聚力正面临风险。迭代创新行为经济学的作家、研究员和顾问迈克尔·施拉格表示：未来工作中的一个重要改变是"茶歇时间"的消失，这是人们在会议之余能偶然建立起联系和进行交流的时刻。[4] 当然，我们仍然可以发短信、发电子邮件和聊天，但当人们进行远程工作时，我们在一起的非正式场合就减少了，因为不会再有会议间隙在走廊外等待或一起喝咖啡的时间了。当迈克尔和我讨论这个问题时，他问我是否应该强制要求团队进行社交活动，以建立联系。

我的回答是，我认为我们不需要让人们社交，我们只需要有意识地把能让团队成员联系的时刻带到会议中。比如我们可以随意问问人们为什么要参与这个项目，或者在开始工作之前，他们的生活中发生了什么，让他们讲讲当没有那么大的时间压力时，他们会做什么。关键是让团队养成"签到"的习惯，将其视为日常活动与团队业务的重要组成部分。迈克尔将之称为"高效的社会化"。

Adobe 执行副总裁兼首席营销官安妮·莱恩斯（Anne Lewnes）表示，在远程工作时，他们会在远程会议中首先谈论人们的福祉，她会问大家"感觉如何？团队合作怎么样？需要我们为你们提供什么帮助吗？"她说："当团队因新冠疫情而不得不快速上线时，这一点就显得尤为必要，因为那时候人们往往状态都不好，需要彼此的同理心与共情。"[5]

这些都会培养团队精神，即在团队成员之间形成纽带。

工具 16：
三种"签到"

　　团队良好合作的三个前提是建立个人关系、分享职业同理心和致力于良好合作。这三方面可以分解为三类问题，即个人、专业、工作效率签到问题，我们可以在每次开会前向人们问这些问题。

　　无论你们是刚开始合作还是已经共事多年，都可以用这个工具来建立信任关系和培养同理心。

如何使用此工具：

● 在项目开始时，或与新团队一起，让人们回答所有三种类型的问题。

- 在随后的会议中，为每次会议选择一种"签到"问题，或者让人们自己选择今天要回答什么"签到"问题。

- 让人们以具体的话语来回答，这样，他们就可以控制自己想要讨论的内容。

- 要让人们提前知道会有"签到"环节，给他们一些时间来思考合适的答案。

- 如果你把这种活动强加给人们，他们可能要为准备说什么而感到烦恼，而这会破坏团队信任的建立。

个人签到问题：

- 关于你，我们可能不知道的是……

- 你正处于人生的……阶段。

- 让你夜不能寐的是……

- 现在正在你生活中发生的一件事是……

- 你很感激的一件事是……

专业签到问题：

- 你参与这个项目的原因是……

- 在这个团队中我们可以靠你完成……

- 你希望这个团队能帮助你了解……

- 与你一起工作的人需要……

- 对你来说，这个项目最终成功的标志是……

> **工作效率签到问题：**
>
> - 你做得最好的工作是……
> - 你喜欢通过……来珍惜别人的时间。
> - 我们必须确保团队做到……
> - 在团队中工作最困难的事情是……
> - 本周你的工作将受到……的限制。

制订共事的规则

　　成为一个优秀的团队，意味着大家要在一起有出色的表现。一份针对集体智慧的研究表明，[6] 工作出色的团队会让每个成员都说得上话，会让大家轮流发言，确保每个人的声音都能被听到，并且大家要抱着同理心倾听彼此。共情与平衡的对话时间是牢固友谊的基础，也是团队合作的基础。

　　问题是，这种良好的团队氛围并非自然产生的。在有些团队中，人们更愿意花时间去指责彼此想法中的问题，而不是在对方想法的基础上提出改进建议。当我们面对压力时，我们就不太可能成为一个好的聆听者，也不太可能与对方共情，甚至不能给对方什么发言时间。在最坏的情况下，人们会相互竞争与对抗，这时候他们在一起更像是在斗争，而不是合作。

　　在市场营销行业，当人们谈论项目时，总能听到一些"引战"的语言。许多团队总爱搞"战争游戏"，它们谈论的是"战场"，喜欢建立"突击小队"和投入"混战"，喜欢搞"关键冲刺"。然而并不是每个项目都要像打仗一样，我们使用的语言会塑造我们的项目以及团队合作的方式。

帝亚吉欧吉尼斯品牌负责人格兰妮·韦弗向我谈到了制订规则的问题。吉尼斯是世界上最具识别性的品牌之一，250 多年来他们的团队一直致力于保持品牌的价值和美誉度。格兰妮最让我印象深刻的是，她所构建的团队工作语言和塑造的团队精神，以及有意识地制订了共事的规则，例如：

- 我们做这项工作是因为我们热爱这个品牌。
- 我们有时间和自由去做好这件事，所以让我们充分利用好时间。
- 我们可以抱有矛盾的观点。
- 我们要尽早沟通，并且经常沟通——用即时通信软件就很好，不需要精致的 PPT 演示。
- 我们必须相互挑战，使这个项目对吉尼斯有正向作用，并无愧于它的盛名。
- 这项工作将对我们的客户、品牌和团队成员产生积极影响。

制订工作精神，这样人们才能更好地合作，为项目、团队及其利益相关者带来正能量。

培训和领导百威啤酒集团（Budweiser Brewing Group）英国销售团队的雷切尔·格林告诉我，要让人们兴奋起来，并认可那些优秀的工作，但要用简单易行的方式，不要占用太多时间。他们的销售团队有一个即时聊天软件群，人们在其中互相开玩笑，分享对市场的观察，并提出工作中遇到的问题，后者都能在这里得到快速的解答。雷切尔说，无论他们在这里分享个人相关信息，还是工作相关内容都是可以的，因为这意味着他们始终联结在一起。

无论是身处一个新团队还是一个合作多年的老团队，重新设定你们的共事规则都有巨大的价值。工作可能会有改变，团队会有新人加入，一些流程和行事风格可能不再重要。作为一个团队，制订共事规则是成为超能团队的关键一步，那么你应该如何做呢？

工具 17：
我们的团队规则

你可以用这个工具让团队自己制订规则，让团队成员自己判断他们应该如何行事，应该在什么事情上花时间，以及如何沟通。要避免给所有团队都照搬同一套规则的陷阱。这里的关键是要确保团队有意识、主动地选择这些规则，并在项目过程中对其进行审查和更新，尤其是当新成员加入时。有三种类型的团队规则需要特别考虑：语言、流程和行为。可以使用针对这三个类型规则的表单来启动团队讨论，并在做出决定后向团队中的所有人发布"我们的团队规则"。

语言规则：我们如何就谈论项目达成共识

　　语言承载着意义，你怎么称呼自己的团队，如何谈论项目，都会对工作产生巨大的影响。在形成团队的语言规则前，请在你的团队中讨论以下语言问题。

- 我们有合适的项目和团队名称吗？我们的名字准确地代表了团队的工作吗？我们应该叫什么？
- 我们使用的语言是否背着历史包袱，我们使用的旧名字或术语是否将我们与过去或其他的团队联系在了一起，这是否在某种程度上阻碍了我们的工作？我们如何才能改变这一点？
- 我们能否从内部重塑团队、会议形式或我们的工作，使团队和利益相关者更准确地了解我们在做什么？
- 在我们使用的语言中，是否有一些术语因为过时、不正确或有歧义而需要停止使用？我们应该使用什么样的语言？

英国仙人掌和多肉协会：
正确的语言

　　作为英国仙人掌和多肉协会（BCSS）的成员，我被要求领导一个小组对我们的品牌进行现代化改造，以吸引新成员。

　　委员会是我能想到最糟糕的团队合作形式了，相比于让我领导一个委员会，我更愿意领导一个有固定成员的、为期 6 个月的行动小组。行动小组的成员代表了不同的成员和分支机构，我们有权做出决定，更重要的是，我们可以代表社区采取行动，而不仅仅是空谈。

流程规则：如何就富有成效地合作达成一致

团队的工作方式可以使决策和协调更容易。考虑以下流程问题，制订团队规则，以便顺利完成工作。

- 如何改变现有的议程，更好地利用会议时间？
- 如何确保会议能涵盖所有重要的讨论和决定？
- 我们能否避免将会议时间浪费在原本可以提前阅读的材料上，如会议记录、汇报和更新？
- 我们需要多久见面一次？我们能提前确定日期并确保时间不会更改吗？
- 我们需要碰面吗？还是只是视频通话就可以？
- 每次会议都要所有人都参加吗？是否需要成立子团队，让他们会面更频繁些？
- 谁来主持会议？我们是否需要轮番担任主持，根据会议主题、地点和风格变化，让不同的团队成员负责不同的会议？

英国仙人掌和多肉协会：
什么是好的流程

在 BCSS 的行动小组中，我们同意每月通过远程视频来进行会议，提前确定六次会议的日期和主题。每次会议都需要提前阅读材料，并且为会议决议做准备。会议的筹备工作提前汇编成一份文件，并由主持人介绍。如果有人不能参加，他们需要在每次会议前发表意见，我们会做会议纪要，以便他们在会后跟进讨论。

行为规则：我们会做出哪些行为

具体的行为约定（并同意避免其他行为）会给团队带来成功的机会。以团队整体的角度提出以下问题，并制订适合实现团队共同目标的规则。

- 我们能否同意按时开始和结束会议，如果有人迟到了，我们是否需要等他们跟上会议进度？
- 我们是否应该同意在两次会议之间为这个项目至少做两个小时的准备工作？
- 我们是否都同意在每次会议之前阅读会议材料，做好准备工作？
- 我们如何更好地沟通，并为彼此减少不必要的电子邮件？我们是否应该避免使用邮件"回复所有人"的功能，尽可能使用即时通信群而不是电子邮件？
- 当我们意见不一致时，我们如何才能在尊重的基础上有建设性地挑战对方？（如果你的团队对此感到困难，请阅读第8章。）

- 当我们意见不一致时会发生什么，我们将如何做出最终决定？
- 一旦做出决定，我们是否都能承诺全力支持这个决定？

英国仙人掌和多肉协会：
建设性行为

在 BCSS 行动小组中，我们一开始就达成这个共识：只能用更好的想法来挑战现有的想法。所以，当我们不喜欢某个想法，却没有更好的选择时，就只能默许其存在，直到找到更好的解决方案。我们按时开始和结束会议，大多数人都在会议前做准备工作（否则就只能接受自己的意见无法在会上提出）。在 6 个月后，行动小组向 BCSS 提供了一整套全新的品牌指南材料，供其 70 多个分支机构和 3000 名成员使用。

工具 18：
远程文化解码

远程办公可以节省时间，为公司节省资金，并可以为团队成员在职业和生活方面带来好处。然而，它对团队合作的有效性却是一个重大挑战。我们再也不能指望团队会定期面对面开会，对于一些团队成员来说，他们可能永远不会有机会在同一个房间里开会。因此，我们需要研究如何在距离遥远的情况下顺利开展合作。在我的公司里，我雇用了大约 30 名负责远程项目、敏捷项目和特定项目的员工。我们不经常见面，但我们通过 Zoom 能看见彼此，我们有自己的远程工作文化，我们要求人们在加入公司时就注册远程程序。

如果你不能相信你的员工会灵活工作，那为什么还要雇用他们呢？

——亚当·亨德森（Adam Henderson）[7]，

千禧一代思维模式创始人

使用远程文化解码可以帮助你为团队制订最佳的工作方式，使团队的每一次会面都尽可能富有成效，建立信任和良好的沟通，并降低远程文化阻碍团队合作的风险（见表 7-1）。

表 7-1　远程文化解码

总是面对面工作	通过视频会议（如果你没有 Zoom 或 Teams，则在手机上使用 Facetime）进行面对面交流，这有助于人们正确连接，建立融洽关系。允许非语言交流，同时防止人们在交谈时干不相关的事
三种"签到"	使用个人、专业和工作效率三类签到问题，以签到开始每次会议。由于我们不是在社交场合见面，我们需要在工作时间之外建立连接让彼此熟悉
对彼此坦诚	坚持完全透明，这样人们就可以诚实地对待任何影响他们工作的事情，无论是个人问题还是与其他工作有关的事情。尽早沟通，尽早解决问题，这样我们才能相互支持，这一点很重要
追踪时间	通过计时来跟踪不同任务的时间。这样就可以清晰地看到不同任务需要多长时间完成，在这些任务上实际花了多长时间，以及人们的工作量情况

	（续）
表现专业	即使在家工作，人们也应该看起来很专业，穿着像在办公室开会时一样，背景中不要有卧室或个人物品
熟络关系	对于初级成员或新成员，安排他们在最初的几个项目中与已建立的团队的成员一起工作，以便他们能够学习、获得反馈并习惯现有团队的文化
面对面时间	在可能的情况下，为同一城市的团队安排定期的面对面工作会议，为更远的团队安排每月或每两年一次的线下面对面工作。这些面对面场合可以是培训，或者只是大家在同一个房间共事并建立感情
轮转会议	对于跨时区工作的人，我们可以轮流安排每次会议的时间，这样我们就可以尊重彼此的生活和所处时区

定期会议模式

团队合作的最后一种方式是定期举行会议。

尼尔·穆拉基是我的老相识，也是一位优秀的团队合作伙伴。他是喜剧商店的创始成员，这是一个即兴表演艺术家团队，他们每周三在伦敦喜剧商店碰头并现场表演，自 1985 年以来一直如此。这些年来，团队成员发生了变化，但始终有一个核心团队一直在一起合作演出，并取得了很大的成功。

尼尔说，喜剧商店之所以能经久不衰，其中一个原因是他们总是在同一天的同一时间，在同一地点见面，在一起几乎总是玩着相同的游戏。因为他们都去固定的场所，而且每周只见面一次，所以他们不会像许多每天见面的人那样对彼此感到厌倦。团队中的人确实会随着时间的推移而改变，新人会带来新的灵感，但会议本身是固定的、可预测的，并提供了他们都能发挥最佳表现的机制。

回到百威啤酒集团的英国销售团队，这个 110 人的团队每周二上午都会举行 15 分钟的团队会议。大家都知道全员定期开会的规矩，大家都知道有这么一个会要去参加，也有动力去参加。

确保会议及时召开，提前做好安排，这样人们才会做好参会的准备，人们才能期望出席会议，或者本人无法参会也要至少提前发送他的观点（而不会因为某人无法出席而重新安排会议）。

工作方式决定了你能否成功

优秀的团队往往合作顺畅。他们不需要成为彼此最好的朋友或经常联系，但他们确实需要相互尊重，能够有建设性地挑战对方，以及能够设法让彼此的生活更轻松，而不是更困难，并以此来实现共同的目标。如果你的团队成员热爱工作，热爱与他们一起工作的人，他们就更有可能成功。花时间思考并就你们如何作为一个团队工作达成一致意见，这是增强团队活力的关键一步，它能确保你们能够尽最大努力合作。

关键要点

- 在个人层面上建立联系和建立团队关系会让我们更快乐、更有效率。
- 在团队规则方面达成一致对于确保我们的团队规则至关重要。
- 距离不是有效团队合作的障碍。

第 8 章

处理冲突

在高绩效团队中，人们会经常挑战彼此，但这些挑战都是有建设性的。超能团队并不是一个由"烂好人"组成的团队，即便是在最优秀的团队中，团队成员也需要有聪明才智，能够应对那些注定会发生的冲突。但是，如果团队总是在冲突中工作，那么对团队来说就是一种消耗。我们必须为冲突做好准备，因为我们很可能存在分歧、性格不合，或者彼此间有些小误解。我们必须及时处理好冲突，这样才能保证我们积极地朝着目标前进。需要记住的关键一点是，我们需要尽早进行干预，防止事情随着时间的推移而恶化——否则冲突就会破坏我们的工作，让团队成员苦不堪言，从而对我们的工作产生负面影响。

本章学习要点：

- 如何做到不害怕冲突。
- 如何及早准备和管理冲突。
- 如何解决团队中已经存在的冲突。
- 如何管理团队中引起冲突的个人。

达成共识不是我们的目标

没有一个成功的团队会将达成共识的价值置于冲突之上。我听过一个故事，讲的是一个政党召开会议，就如何合并几项脱欧动议达成共识，结果他们发现彼此甚至无法就"共识"一词的含义达成一致，[1]因此也就无法继续推动议程了。这个故事集中体现了共识问题。当每个人都专注于达成一致，而不是其他任何事情时，我们本来要做的实际工作就会被稀释、撤销或变得不可能实现。

为了达成一致和避免所有冲突而做"烂好人"，意味着人们会因妥协而做出糟糕的决定，因为没有机会挑战和改进这些决定。为了给工作奠定坚实的基础，我们必须利用有建设性的冲突来达成一致。超能团队会主动发起有建设性的冲突，处理掉任何会阻碍团队合作的问题。

冲突和竞争可以是建设性的

在团队中，我们必须相互挑战，对彼此的表现抱有高期望。

以运动队为例，我们谁也不想在一个糟糕的团队中成为最好的人，但我们确实想在一支伟大的团队中变成一个伟大的人。当你身处一支优秀的运动队时，你必须提高自己的比赛水平，因为团队的其他人都很优秀。当你与优秀的人合作时，你可以与他们竞争，并挑战他们，做得更好，这样的团队才能在比赛中获胜。

> 对高度成功的团队文化的一个误解是，它会让成员快乐而轻松。事实并非如此。成功的文化充满活力和参与感，但更核心的是，拥有这种文化的团队，其成员在一起并不是为了获得幸福，而是为了一起解决棘手的问题。
>
> ——丹尼尔·科伊尔 [2]

尼尔·穆拉基说，即兴演员所做的一切都是为了节目，所以即使演员之间有个人冲突或不喜欢彼此，他们都还是会专注于娱乐观众，这就是他们克服问题和性格冲突的方式。他说，让他们与众不同的是，他们是竞争对手和共同创造者。

在《如何领导天才团队》一书中，作者 [3] 提到了"创造性磨损"，这是创造力的重要组成部分，让大家通过争论来创造、探索和改进想法。作者指出，这种关键冲突是关于想法的，而不是成员彼此之间的冲突，因此该冲突是智力冲突，而不是人际冲突。

> 当创意市场中存在可替代的竞品时，创意产品就会变得更优质，基于此的竞争往往会激发出更新、更好的方法。
>
> ——Hill 等人 [4]

问题是，如果有人挑战我们的信仰，即使只是理性地讨论，我们也很容易把它当成人身攻击。解决这一问题的一种方法是在对挑战性的问题进行反馈时先加这样一句话："我给你这些评论是因为我有很高的期望，我知道你可以达到这些期望。"一组心理学家发现，即便在遇到难以回复的尴尬问题时，这句话也能提高人们的绩效和努力水平。[5]《坦诚相待》（*Radical Candour*）的作者金·斯科特曾说，我们需要"关心他人并直接挑战他们的观点"，我们不应该说"你错了"，而是应该说"我认为这是错的"。

我们需要有意识地使用正确的语言，向对方进行建设性的挑战，这样我们才能让彼此达到更高水平。

工具 19：
意见和直觉

如果你的团队在工作启动早期阶段就一直避免冲突，那么反而不利于后续项目的开展，因为你可能会推迟解决重要的基础问题，而随着项目扩展，解决这些问题将会变得代价高昂和令人痛苦。该工具有助于在团队合作的早期阶段消除分歧和错位，允许人们表达自己的观点和建议，并尽早表明他们能达成共识的地方。

要求团队的每个成员仔细考虑下面这些问题，并以书面形式单独回答，先不进行讨论。

1. 如果你是唯一的决策者，你会做什么来让我们实现目标？

2. 如果我们必须现在就决定该做什么，那会是什么？

3. 为了实现我们的目标，我们需要克服的最重要的挑战是什么？

4. 我们需要避免哪些陷阱和时间上的浪费？

5. 如果我们作为一个团队什么都不做，听天由命，会发生什么？

你可以随意修改这些问题，或设置新的问题以适应你的项目，但要保持问题的广泛性，而不是具体性。你提出的问题应该能引发人们思考你们作为一个团队整体的愿景。要求人们发表个人意见，分享他们的直觉观点，这样你就更有可能理解他们的想法，并尽早暴露出根本性的问题。

如何使用这个工具：

- 提前把问题发给成员，这样他们就有机会考虑自己的答案。

- 在会议中，让你的团队写出他们的答案，每个答案都写在单独的便利贴上。

- 从问题 1 开始，让大家轮流大声地逐条读出答案，然后把它们贴在墙上。当其他人同意时，就让他们把答案贴在与之相似的答案旁边，这样讨论主题就围绕着共同的答案形成了。

- 在开始讨论之前，将其他问题如法炮制，这样你就会有一面意见墙，上面写着所有关于五个问题的答案，在你们开始讨论前，就将要讨论的问题视觉化了。
- 先讨论那些能达成一致的问题，从最大的问题开始，并注意团队在五个问题上的一致性。
- 然后再解决那些团队成员不能达成共识的问题，首先从最具争议的领域开始，恰当地讨论每个领域，以理解人们为什么不能达成共识。在这一点上，你并不是想改变人们的想法或迫使他们达成一致，只是想理解其中的差异以及人们为什么会形成这种差异。
- 记录一份清单，列出未来会议需要涵盖的领域，从最重要的领域开始，并在随后的会议上依次讨论。

　　在墙上直观地呈现问题很重要（如果你的会议空间没有这么一面墙，你也可以在桌子上用纸片替代）。如果只是口头使用这个工具，那么人们更有可能将问题冲突视为人际冲突，当人们面对面看着对方的眼睛并产生分歧时，讨论就变成了成员彼此间的冲突。而当我们面对的是一堵墙的时候，这更容易让我们觉得分歧是关于主题的，而不是人与人的对话。该工具鼓励成员们以结构化、中立的方式表达不同意见，并帮助团队成员尽早了解彼此。

　　我曾经亲眼见证这种方法导致两个独立团队的形成，这表明大家对项目有着完全不同的概念。通过使用这个工具我惊奇地发现：某个团队对项目语言、项目目标消费者或相关技术核心的假设与我们完全不同。如果我们没有及早发现这些，我们将无法实现我们的目标。

冲突在今天变得更加普遍

艾琳·格林德尔是一名职业调解员、冲突管理专家，对团队管理活动有着特别浓厚的兴趣。当我采访她时，她指出冲突是任何团队都不可避免的一部分。然而，艾琳注意到，在过去的十年里，工作中的冲突变得更加严重，因为人们经常通过电子邮件而非交谈进行沟通，因此误解频发，而且可能会迅速升级。

随着我们在工作中承受的压力越来越大，要做的事情越来越多，时间越来越紧张，注意力持续的时间越来越短，我们一起梳理误解的时间也就越来越少，甚至我们会忙到注意不到误解的发生。为了避免以后发生冲突，艾琳对高绩效团队的建议是尽早对团队期望进行沟通，当下面这三件事出现苗头时，要在第一时间解决：团队内部的相互攻击、对彼此的信任危机以及某位团队成员的脆弱性。

工具 20：
冲突预测器

我们已经用工具 17 制订了团队规则，但每个团队都会在某个时候面临着压力，而且随着远程办公、灵活办公和临时工式办公的增多，有 7 个常见问题可能会导致冲突，无论你服务于什么团队，工作方式有多好，或者团队成员多么优秀，都很难避免这些问题。

团队要在一起依次讨论每一个问题，这样你才能预测可能出现的冲突，并知道如何避免冲突，或者在冲突发生时在第一时间处理冲突。仔细阅读这份清单将使团队成员对于他们可能对彼此产生的影响有更深刻的认识，从而防止出现问题。

1. 信任和相互关系的建立很难，尤其是当我们在不同的地方工作时，我们该如何确保在团队中建立起个人和工作关系？

2. 当人们对团队行为有不同的期望时，就会引发个性冲突，比如人们对开会迟到的接受程度，或者对彼此相互挑战的接受程度。当我们感到被冒犯或愤怒时，我们该如何理解彼此的风格并进行沟通呢？

3. 电子邮件会导致误解，并使决策变得复杂。我们该如何避免语气伤人、被他人误解，或沟通效率低下？

4. 相互竞争的工作优先级和工作量很难管理，压力会造成冲突。我们该如何在繁忙时期提前计划给予繁忙的人以支持？

5. 对于管理者和团队成员来说，学习、建议、知识共享和辅导都很困难，所以我们没法给予团队中每个人必要的支持。我们该如何腾出时间相互学习，相互提建议呢？

6. 新团队成员需要一个"入职"过程，来共享自己的知识，并分担团队的工作量。如果新成员没有获得适当的沟通机会，可能会在以后的工作中引发问题。我们该如何分担培训新人的工作量，让新人们尽快跟上进度？

7. 一些团队成员可能会因技术挑战而被排除在工作外，感到被冷落，或承受压力。我们该如何确保技术问题不会引起额外的问题？

如何使用这个工具：

- 将这些问题分发给团队，让团队成员阅读并思考有没有什么遗漏。要求他们对其他可能导致冲突的领域发表见解，例如，如果前面的工具让团队成员在意见或本能层面触发严重分歧，请在这里与他们进行透彻的交谈，通过交谈预测项目旅程中可能出现冲突的地方，并指出应该如何尽早发现并避免冲突。
- 在会议上讨论潜在的冲突原因，包括其他人在前面提出的各种原因，讨论要从大家认为最有可能发生冲突的地方开始。
- 讨论每个冲突可能如何发生，以及何时发生，还要探讨如何避免或应对这些冲突，并承诺一定要避免或者处理具体的冲突。

工具 19 和工具 20 可以避免许多最常见的冲突，例如对彼此报以最坏的预期，对彼此的意图进行主观臆测，应对不同的议程在优先事项上达不成共识，相互争夺资源，不理解对方的观点或沟通方式。

当团队已经陷入冲突时该怎么办

如果你所在的团队已经陷入了某种冲突中，我对你深表同情。一个充满冲突的团队，可能会消磨成员的斗志，尤其是当冲突在一个长期团队中日复一日地发生，让人看不到尽头时。如果我们一生中的大部分时间都在做某项工作，这项工作属于某个团队工作的一部分，而这个团队处于失能状态，那么这可是相当磨人的。

艾琳的工作就是当团队深陷这种糟糕的状况时，来调节冲突的。根据她的经验，身处满是冲突的团队，对一个人来说可能是段极其痛苦的经历。她解释说，当团队陷入令人痛苦的冲突状态时，就会导致人们无法正常工作，这会让团队产生连锁反应，往往会使冲突继续恶化。当人们回到家后，用大量时间反思工作中的不快，这会让重返工作场所对他们来说变得困难。当他们回到工作场所后，可能会选边站，最终让整个团队陷入"冲突区"。当人们一直避免面对冲突时，对冲突的恐惧就会如影随形，团队成员的关系也会变得更加紧张。艾琳的建议是尽早就团队冲突展开对话，并在冲突升级之前立即谈论冲突对个人的影响。

不受控制的冲突可能会产生巨大的负面影响，导致长期病假、深度不满、缺勤，甚至法律问题。单是商业成本就极其高昂：在英国，糟糕的心理健康状况每年给雇主带来高达 450 亿英镑的成本，因此雇主越来越重视员工的福利。[6] 解决工作中的冲突不仅有利于员工的心理健康，也有利于企业的商业利益。

解决冲突需要相互倾听，换位思考理解彼此，然后共同前进。下一个工具可以帮助团队避免现有冲突继续恶化。

工具 21：
六个为什么

这个工具很简单，我已经用这个工具多次在不同的团队挽回了很多糟糕的局面，我们要理解为什么会发生这种局面，并从中学习，避免未来重蹈覆辙。

- 让每个团队成员回想团队在过去一年中做得很好，或让你感觉很好的事情，并就为什么列出三个原因。
- 让每个团队成员回想在过去一年中进展不如预期的事情，或者让自己感觉不好的事情，并就为什么列出三个原因。
- 提前将这些问题发送给大家，让大家思考自己想就这些问题分享些什么内容。
- 让大家描述具体原因，不要只是写一个词，比如"时间"，而是要写"我们有足够的时间做好准备"。
- 当你们作为一个团队聚在一起时，请每个人在单独的便利贴上写下自己的原因，这样每个人面前就都会有六个便利贴：三个描述进展顺利的原因，三个导致项目进展不顺利的原因。

- 让人们依次分享正面例子。他们需要在分享中简要地介绍项目，但主要还是要花时间在导致项目进展顺利的三个原因上，把这三个例子的便利贴贴在墙上或挂图上，然后下一个人接着分享自己的三个正面例子。

- 把主题相似的观点放在一起，如果几个成员有足够的时间准备相似的主题（即使是在不同的项目中的），也把它们放在一起。

- 当你了解了促使项目进展顺利的所有人的三个原因，并将其按主题划分后，你自然就会明白事情进展顺利的理由，通常的理由是尽早沟通、有足够的时间准备、团队用了正确的人，等等。要确定自己在投入糟糕的项目前，已经和你的团队一起发现了关键的问题。

- 针对进展不顺利的项目反复进行这个练习。让人们依次简要描述他们的项目，以及项目进展不顺利的三个原因，把它们挂在墙上并构建共同的主题。通常你会发现，事情进展不顺利的原因与事情进展顺利的原因正好相反，比如没有足够的时间，很多人在最后一刻才被带进团队，新人加入时没有明确的介绍，或者团队用了错误的人。

- 一旦确定了项目失败原因的主题，就把讨论的重点放在原因上，而不是项目本身，讨论为什么项目会失败，以及如何在未来避免这些问题。

　　这个工具很简单，但它确实有效。曾经有一个团队的老板从不准时，经常在开会前最后一分钟取消会议，也几乎不怎么回复电子邮件，所以团队无法从他那里得到指示，也无法在工作中取得进展。我们召集了老板、他的五位直接下属和他的项目助理，通过这个工具，包括老板和项目助理在内的每个人都分享了各自的六个原因。

我们达成这样一个共识，如果项目团队能够与老板交谈，哪怕只是简短地交谈，以获得他的意见，就会促成项目的成功。而老板取消了大家能联系他的所有会议，项目就会失败。在几次演练之后，老板同意不再取消会议，所以即使他只参加10 分钟而不是约定的 1 小时，会议也要如期进行（他的项目助理帮助实现了这一改变）。

这种交流方式是行之有效的，因为人们聚焦于正确的事情，而非纠缠错误的事情，所以得到了建设性的结果。它允许人们抱怨糟糕的事物，并以一种结构化的方式找到原因，而不是局限于问题本身。就像本书前面的其他工具一样，它将团队的关注点转移到墙上的问题主题上，而不是在彼此身上。

然而，使用这个工具的前提是冲突没有进一步恶化，仍然可以在团队内部来解决。如果你所在的团队内部已经剑拔弩张，存在很多历史问题和包袱，这时你就需要引入像艾琳这样的冲突调解人。

有用的批评者和才华横溢的混蛋

如果团队中的冲突是由个人引起的，那该如何处置？这可真是一个难题。就像冲突有利于合作一样，难相处的人也可以在团队中发挥重要作用。我喜欢在新项目中先找到一个"有用的批评者"，因为我知道这个人会提出别人可能不会提出的问题，或者我们需要避免的问题，而这些问题会让我们付出巨大代价。如果我们能赢得批评者的支持，我们就能取得成功。

团队动力学和协作专家理查德·沃特金斯（Richard Watkins）说，一个难相处的人往往是一份礼物。在理查德的工作中，他喜欢将团队视为一个整体，每个人都在整体中发挥作用。通常，相当一部分人会避免将任何冲突或问题暴露出来，因此一个难相处的团队成员可以被视为一种早期预警信号。一个人的胡闹可能是在正常项目工作的表面下，某种需要解决的问题正在蠢蠢欲动。因此，与其急于指责个人，不如现在就去了解个人行为的背后有什么有用的信息。

那应该怎么判断一个人是有用的批评者还是才华横溢的混蛋呢？才华横溢的混蛋是指那些能力出众的人，他们才华横溢，因此团队或公司不得不为此容忍其胡闹。在我曾经供职的一家公司，有一位知名经理人正式投诉他受到欺凌，他的团队中有几个人因抑郁症和压力而离职。他经历了官方的纪律处分程序，即将被解雇，但他恰好在这时搞定了一笔数百万英镑的客户交易，于是对他的指责消失了，他继续留在原岗位上。当然，并不是每家公司都是这样，像网飞这样的公司都有不雇用才华横溢的混蛋的政策。首席执行官里德·黑斯廷斯（Reed Hastings）说："有些公司容忍他们。但对我们来说，他们对有效合作的团队来说，成本太高了。"[7]

我问艾琳该怎么处理那些难以相处的人。她说，这些团队中的"攻击者"或欺凌者往往没有意识到自己的行为方式会影响他人。因为其他人可能并不会对他们说什么，于是他们对自己所产生的影响视而不见。艾琳说，你还需要与那些感觉自己受到攻击的人合作，从他们的角度考虑问题。通常，受欺凌者会选择沉默，因此其他人不知道自己的行为会如何影响他们。

她给那些面临冲突的人的建议是，尽早并及时处理冲突，及时反馈你对某人的看法，而不是什么都不说。最糟糕的就是默不作声，指望事情会自己改善，因为如果不加干预，事情就会不可避免地往恶化的方向发展。

艾琳认为，大多数人希望彼此正常相处和完成工作，但总有些人想以糟糕的方式来满足他们的需求，所以她的建议是针对具体行为，而不针对人。

工具 22：
个人干预

这个工具针对有人在团队中制造紧张和冲突的情况。让我们将这些个人称为 X，而不是"难相处的人"或"挑衅者"，这样可以避免以偏见来看待这些人。

尽早使用这个工具，防微杜渐，不要等到事情变得非常糟糕的时候。如果有人力资源人员可以为你提供帮助，那从一开始就让他们参与进来，最好是在你意识到有问题的时候。

1. 确定你需要的具体改变

- 在开始干预之前，就你们想要做出的改变达成一致。你是否希望 X 在团队会议期间停止发送电子邮件？在你做任何事情之前，都要非常具体地说明你需要的改变具体是什么样子的。
- 应该集中精力实现一个改变，而不是像购物一样，对需要改变的事项拉一个清单。

2. 考虑如何安排对话

- 团队中谁是与 X 对话的最佳人选？最好不要以整个团队的形式开展对话，否则 X 可能会觉得这是针对他的攻击。
- 谈话应在何时何地进行？应该私下进行吗？应该在正常工作日的某一天，找个安静的地方谈，或是在公园里散步，边走边聊，不要在会议室里隔着桌子谈。

3. 编写干预声明

- 事先写一个脚本，写下你想要谈的关键要点。
- 从发起会议的首要原因开始，简要描述你想分享和得到什么。
- 首先谈谈这个人对团队的积极贡献，做得好的地方，以及他处于最佳工作状态的时刻。

- 然后谈谈团队发现的问题，只讲一两个具体的例子，以及这些例子给人们带来的感受。例如，与其说"我们认为在团队开会时处理你的电子邮件很粗鲁"，不如说"你在团队会议室发电子邮件，让我们觉得你认为我们和这个会议不重要"。
- 最后以希望对方做出积极改变的愿望结束谈话，例如，"我真的希望我们的团队会议能得到你的充分关注，也希望整个团队都能感受到你也很重视他们的时间"。

4.提问、倾听和理解

- 一旦进行了干预，就要耐心聆听 X 想要说些什么。尽量不要用各种辩解和套话打断对话，而是倾听他，设身处地地与其共情。
- 他可能会为自己辩护，或者试图解释自己的行为，与他接触的最佳方式是不断提出问题，而不是用事实进行反击。问一些问题，比如"你似乎对这个反馈感到惊讶"或"我知道你不同意这个看法，那么你如何看待这种情况"。
- 继续提问、倾听和理解对方，并复述他所说的话，让他感觉你在认真倾听，例如，"所以你发电子邮件的原因是因为你压力很大，所以希望能同时干多件事，不愿意全神贯注地投入会议"。

5.继续前进

- 确保 X 觉得你真的理解他，然后和缓地提示他继续前进。

- 你可以这么说："回到团队问题上，现在大家感觉你不重视他们在会议上花费的时间，那么我们可以做出什么改变来改善这种情况，让团队觉得你确实重视他们的时间呢？"
- 继续回到 X 对团队的影响上，讨论他该如何才能使这种影响更积极。你可能需要反复谈几次，提醒 X 对别人感受的影响。

6. 记录承诺

- 记下你和 X 就做些什么来改善情况的共识，并尽可能具体，最好用 X 自己的话来总结，例如，"即使我很忙，我也不会在团队会议上发电子邮件，而是专注于会议，这样我会重视人们的时间——如果一定需要发电子邮件，我宁可错过团队会议，也不要一心二意同时干几件事"。
- 同意在几周后检查这些承诺的执行情况。

与"恶霸"打交道

无论你怎么干预，总有人不愿为自己的行为承担责任，也不会考虑自己对其他人的影响。艾琳称这些人为"真正的恶霸"。尽管她讨厌这个标签，因为这个标签很情绪化，但你总能遇到那些喜欢和别人发生冲突的人，你几乎无法帮助他们调整自己的行为。

如果你想让团队变得强大，就必须防止不良行为，这样人们才能很好地合作。工作中的攻击性会降低心理健康和生活满意度，降低团队成员的自尊心，并造成更高的缺勤率、健康问题和倦怠。[8] 与"恶霸"打交道对团队和组织的成功至关重要。如果你的团队中有一名成员是个"真正的恶霸"，那务必将他从你的团队剔除，否则其带来的成本将远大于收益。

如何面对"恶霸型"客户

　　在任何机构工作的人恐怕都能达成这样的共识：被客户欺负的滋味可不好受，因为客户处于权力地位，你控制不了他们的行为。最近，我的团队就服务了一位棘手的客户，她莫名其妙地把大部分精力都放在了诋毁我们的工作上。我们有最好的团队，但无论她和我们团队中的什么人一起工作，都会攻击我们所有人。直接和她解决问题的尝试都没有奏效，我们都开始厌恶这个项目。它影响了我们团队的心理健康——这种工作可没法让人发挥自己的能力！

　　我们最终找到了解决方案，我们团队一致认为，如果没有她所在机构的其他证人在场，我们永远不与她交谈。这意味着，我们不会接她的电话，并且总是要求她团队的其他成员参加会议，没有这样的"证人"，我们宁愿取消会议。在那之后，她自己团队的人一次又一次地目睹了她的无理行为，她最终被赶出了客户业务。

无论你做什么，都不要忽视冲突

团队的行为问题和工作失调往往会令人异常痛苦，因此这些冲突必须要处理。在一个冲突不断的团队中工作是非常有压力的，团队工作也会受到影响。如果你忽视冲突并指望它会自己消失，那么情况很可能会变得更糟。确保以团队整体进行干预，这样才能以建设性的方式前进。

良好的团队合作可以提升工作满意度，也有利于我们的业务。超能团队会在避免争执的前提下，一起建设性地解决问题，并进行决策。所以，为了让团队满意，让工作成功，你就不能忽略冲突，必须处理冲突。

关键要点

- 冲突可以是有益和充满建设性的——为了避免冲突而达成一致不利于团队健康。
- 规划冲突以及如何管理冲突对于快速、有效地解决冲突至关重要。
- 你只能通过了解导致冲突的原因来解决现有的冲突——没有只要按下就能解决问题的"魔法按钮"。
- 及早对团队中引起冲突的个人进行干预至关重要。

第 9 章

获得领导者的支持

超能团队需要领导者的支持。一位在团队之外的领导者，拥有一定程度的决策权力，他能影响你的团队及其工作（这里指的不是你团队中的"团队领导者"）。大多数团队都有可以影响其工作的领导者，他们可以资助团队项目、批示关键决策，还可以提供有价值的建议。如果团队的工作得不到组织中重要且有影响力的决策者的支持，团队的努力就很有可能付诸东流。我们可能会在日常繁忙的工作中，忘记了寻求这种支持，或者默认领导者会同意我们的行为，最糟糕的是，干等着领导者的批示。

超能团队需要上级领导者承担责任，并且要求他们支持团队的工作。领导者不同于利益相关者，领导者是老板，是授权你的团队完成工作的人，他们代表着比你的团队所处的更高级的团队。你也可能会向他们争取资源，征求许可。

本章介绍的工具可以帮助你从领导者那里获得所需的赞助和支持，以确保你的团队取得成功。

本章学习要点:

- 如何有效地通过"向上管理"来影响你的领导者。
- 如何从领导者那里获得明确的方向。
- 如何激励领导者帮助和支持你的团队。
- 如何将领导者与客户联系起来。
- 如何让你的领导者为你提供更广的视野。

为什么向上管理如此重要

"向上管理"是指向上影响我们的老板和领导者，而"向下管理"则是指管理一个直接下属团队。根据我的经验，"善于向上管理"这个词经常被用来嘲讽阿谀奉承者："他很善于向上管理"意味着他在老板面前花更多的精力打造良好印象，而不是确保团队的日常工作。在人们看来，善于向上管理的人都是阿谀奉承之辈。然而，实际上向上管理并不是"拍马屁"。

善于向上管理对任何团队来说都至关重要。它有助于团队实现目标，更有利于你的业务，让项目进展更快、更顺利，也有助于团队成员职业生涯的发展。

创新主管克莱尔·埃姆斯在全球性研究机构益普索公司负责管理战略项目，拥有多年管理项目团队和领导者的经验。我向她请教在管理方面的建议，她告诉我，她会在制订新战略的早期就让自己的领导加入，在整个项目中通过很多零散的对话和领导沟通，而不是在项目最后让他大吃一惊。她还说，在所有需要将战略项目与其他团队分享的场合，她一定会邀请自己的领导参加。通过让领导参与最初的项目思考，并始终让领导与自己保持一致，他们能够在战略项目实施的各个层面获得来自领导的支持。

在一项针对谷歌、思科、Bose、ESPN 和 Capital One 等大企业员工的调查中，获得领导者的支持被认为是创新项目成功的关键。[1]麦肯锡的一项大型研究分析了数万名管理者的职业生涯，发现向上管理和横向管理（管理同行和利益相关者）有利于他们的企业，也有利于管理者的职业生涯。根据一份报告显示，在扩大影响力方面，向上管理与横向管理比管理下属重要 50%。[2]我们将在下一章中介绍如何横向管理并成功吸引利益相关者。本章将为你提供一些成功向上管理的方法，获得领导者的支持对于团队取得进步至关重要，但这是一项严峻的挑战。

协同指挥

在以往的观念中，工作文化更倾向于"指挥和控制"，即老板对下属拥有权威性，下属必须按照他们的指示行事。[3]这种正式的、军队般的等级制度是基于过去市场的可预测性更强、工作节奏更稳定的情况而建立的。在有着企业行为依赖于中央决策传统的国家和文化中，这种管理文化尤其盛行。

然而，当下的企业不得不应对混乱的市场和加速的变化，为了能在需要时快速转变和灵活应变，企业开始变得更像有机组织，而不是以往那样像一台机器。[4] 纳斯达克将其称为"协同指挥"，即团队自己负责关键决策，[5] 我们以个人身份或团队身份为目标负责，而不是靠领导者为我们决定一切。[6]

然而，这也意味着我们的团队不能总是从领导者那里得到明确的建议。我们不得不根据领导者的类型，试着猜测或者读懂领导者到底想要什么。

在过去的 5 年里，这样的情况变得司空见惯，尤其是当团队进展迅速，团队人员繁忙，企业频繁转型时。团队很难了解自己是否正朝着领导者期望的方向前进，甚至团队也无法知道，领导者会不会在团队不知情的情况下，改变了前进方向。

一味抱怨"领导层没有支持、理解、倾听我们，也没有与我们的团队进行适当的沟通"是很容易的。但是超能团队会与领导者共同承担责任，主动从领导者那里获得所需的支持。确保与老板的合作，成了团队的责任，超能团队要与领导者共同商定正确的方向，并时刻关注团队的努力不会偏离这一方向。

与你的老板一起制订一个明确的方向（即使最终做决定的

人是你）是至关重要的，没有来自老板的支持，你的团队就寸步难行。

> ## 网飞公司：
> ### 情景管理，而非控制管理
>
> 　　网飞将自己的管理模式称为"情景管理，而非控制管理"。它希望每个团队都有洞察力和理解力，通过情景管理（业务战略、指标和评估标准，以及了解如何做出决策）和避免控制（自上而下的决策、管理层批准、委员会和流程变得比结果更重要）来做出好的决策。所以我一直是网飞的粉丝——我始终对浪费时间精力的委员会制度深恶痛绝。
>
> 　　他们还谈到团队应该是"高度一致并松散耦合的"，团队的战略和目标应该是明确的，团队应专注于战略和目标，而非战术，团队成员应当相互信任，各自的工作不需要彼此的批准，只有这样他们才可以快速行动。领导者开始成为教练而不是独断专行者，他们的工作是促成团队尽可能好地完成工作。[7]

无情的优先级

　　我们必须意识到最重要的一点，并根据这一认识采取行动：如果我们试图专注于一切，我们就什么都专注不了。

　　　　　　　　　　　　　——约翰·多尔（John Doerr）[8]

　　"优先级"一词的起源来自古代法语的"priorité"，意为优先，而拉丁语的"prior"则意为"第一"。[9]因此，正如曼诺诗·佐莫罗蒂（Manoush Zomorodi）在她的书《放空》中指出的那样，"优先级"没有复数，如果我们取这个词的原意，那优先级所指的只能是一件事。一般团队都可以同时承担几个优先事项，但如果你想真正做到有效，那就要清楚并决定要将重点放在哪里，以及不会放在哪里。

　　优先事项也有利于个人。我们无法同时专注几件事。研究表明，年轻的团队成员尤其能从明确设定的期望和目标中受益，三分之一的员工表示，"主管不明确的期望"是他们工作压力的源泉。[10]

　　我共事过的高绩效企业往往都有着以优先事项为导向的文化，它们工作的各项活动都指向实现企业三个关键年度优先事项，而这些事项是以完成具体目标来评估的。它们的目标会逐步升级，以最终匹配并实现它们的领导者，以及它们的领导者的老板的目标。了解老板的优先事项很重要，因为这决定了什么对企业有利，什么对团队有利。

北极星指标：
明确的方向

　　许多敏捷企业正在建立北极星指标，这是硅谷创造的一个术语，意指帮助企业"摆脱短暂的增长，专注于创造可持续的长期增长，并实现可持续发展"。[11]这是评估企业产品团队成功的关键指标，它将团队为客户提供的服务与企业因此而产生的收入联系起来。[12]

北极星指标的例子包括：

- 爱彼迎：已预订住宿数量。
- 脸书：每日活跃用户。
- WhatsApp：用户发送的消息数。

请注意，这些例子中的指标并不是一个具体的目标（比如包含截止日期或财务目标）而是明确的方向。这是因为随着市场和客户的不断变化，企业必须不断进化，企业的目标也需要保持敏捷性。[13]

明确的方向可以让数家公司相互协作，朝着一个共同目标前进。WPP 是一家全球市场营销与广告公司，是一个在 225 个国家都有代理机构的庞大组织。尽管规模庞大，但它还是要设法在全球广大的消费者群体中，为高露洁这样的大品牌维持一致而整体的形象。为了实现这个目标，它构建了一个名为"WPP：红色引信"的咨询代理机构群，来专注于收集好的点子，以服务高露洁这家大客户，它们为不同咨询机构与不同区域市场设定了一个清晰的方向。CEO 卡尔·哈特曼跟我说："我们之所以能集中 WPP 的优秀人才为高露洁提供出色的服务，是因为我们有共同的目标和统一的运营体系，我们总是致力于为我们的客户提供更高质量、更迅捷、更有影响力的成果。"

无论你是将北极星标准看作一个真正的评估标准，还是仅仅将其作为一种构建明确方向的手段，对所有项目来说了解企业的最终目标都是至关重要的。也许你的团队已经有了具体指标、目标和评估成功的标准，但更重要的是你要理解这些目标如何与企业发展的方向相匹配。与你的领导就大方向，而不是一个具体的指标达成共识，这既能为你的团队带来适应性与灵活性，也能确保项目始终运行在正确的方向上。

在我的咨询工作中，我会询问客户，他们的每个项目对实现年度目标的贡献，如果可能的话，我会提取他们描述目标的具体措辞，并将其作为评估项目是否处于正轨的标准。如果团队知道领导者的目标是什么，就能理解自己的工作是如何为领导者目标做出贡献的。

工具 23：
行驶方向

如果你想造一艘船，先不要召集人去收集木材，也不要去给他们分配任务、发号施令，而是要教会他们向往那浩瀚无尽的大海。

——安托万·德·圣-埃克苏佩里

（Antoine de Saint-Exupéry）[14]

如果我们能简单地让领导者说出他们的目标（比如一个北极星指标），并且让团队知道确保朝着正确方向前进的方法，那就太好了。你可以直接向优秀的领导者问这些问题，并很快知道答案。因为优秀的领导者知道答案，并乐于分享。

然而，在我的职业生涯中，我遇到了许多回避问题的人。我们中的许多人都曾与那些优柔寡断（不想致力于一个方向）、故弄玄虚（不知道正确答案，所以回避回答）、反复无常（希望以后能改变主意）、随波逐流（自己没有明确的答案，判断基于其他人的想法）或束手束脚（他们明明没有决策权，却不想承认）的领导者共事过。

这些领导者害怕自己的决策是错误的，所以不想负责，我对他们深表同情，他们身处残酷的职场高位，随波逐流可能是一种合理的生存策略，树大招风然后成为众矢之的可不是一个明智的选择。例如，如果你的领导知道重大重组将至，尽管他不能直接告诉你，但是他会尽量避免向你提供错误的信息，直到最后的重大宣布到来。

如果你面对的是一个微观管理的领导者，他倒是有可能参与你的决策，帮你突破瓶颈。他们很清楚你的团队应该选择怎样的路线，你不妨把所有决策交给他们，而忽视其他选择。我知道，管理领导者是个苦差事。然而，这并不能阻止我们与领导者一起确定前进方向，即使必须面对改变。你所选择的团队方向必须是团队和领导者可能达成共识的方向。向上管理并不是要束缚压制你的领导者，而是设法让他成为团队合作的指路明灯。

　　以下工具用于询问领导者真正想要的是什么，这样随着项目的进展，你就有了一个明确的工作方向。有三组问题要问他们：团队该如何适应企业战略？团队的工作如何影响领导的个人目标？这对团队的发展方向意味着什么？

企业战略：

- 这个团队的工作如何适应组织的战略？
- 企业的北极星指标是什么？我们的团队该做些什么才能符合这个指标？
- 这个团队会给组织带来什么价值？
- 这个团队将为我们的客户带来什么价值？
- 作为一家企业，我们的赛道是什么（例如，关注、交易或生产力）？ [15]
- 当我们的项目成功后，这个团队会对业务产生什么影响？

领导者的目标：

- 你的目标是什么？这个项目如何与这些目标相适应？
- 这个团队的工作如何帮助你实现目标？
- 对你来说，成功的项目应该是什么样子的（交付能力、目标）？
- 这个团队取得的哪些成就最让你感到兴奋？
- 这个项目怎么才能让你面子上过得去？

- 除了日常生活工作之外，你对这个项目、你的工作和企业有什么担心的地方？
- 你对自己的职业、团队或部门的长期抱负是什么？

团队的方向：

- 这个团队应该关注的方向是什么？
- 我们不应该忽视什么？
- 你对我们团队的长期愿景或目标是什么？
- 这个团队的成功结果应该是什么？
- 你需要我们为什么负责？
- 我们可以在哪方面要求你负责？
- 什么可能导致我们改变方向？
- 我们要在这个方向上坚持多久？

如何使用这个工具：

从上面每组问题中选择三个最合适的问题向领导提问（总共最多九个问题）。基于你的项目和你认为老板想要回答的问题做出选择。我建议每个部分都选几个问题，而不是只提一个问题。选择问题意味着你可以回避那些领导不知道该如何回答的问题。

- 提前将问题发送给领导，向领导解释你想为团队设定方向，希望从他那里获得支持。
- 向领导解释这些问题只是讨论的起点，领导者不需要对这些回答有完全的承诺，也不需要他们做出完美的回答。同时邀请领导参加下一次的团队会议，准备在会上讨论他们的想法。

- 邀请领导参加你的团队会议，在会议开始时简要描述你的项目、成果、目标和时间表的最新情况，然后就团队项目旅程方向咨询领导意见。

- 依次就选择好的问题提问，或者让领导先回答他们觉得最有用的问题。确保所有团队成员都在倾听、提问和做笔记，并总结关键点。

- 在会议结束后，以团队整体的角度，对领导的每个回答做一两个要点总结，尽可能用领导的语言和措辞总结。

- 接下来，向领导发送一份有关项目旅程方向的摘要，将他们提出的关键点写下来，并展示你的团队将如何努力实现这些目标（邀请领导进行评论和编辑）。让他们知道你的团队将朝着这个方向前进，并邀请他们就项目过程中的问题进行更新或讨论。

- 你下次再碰到领导时，无论是在走廊上、全公司的会议上，还是在下一次团队更新汇报中，都要确保你紧盯了团队旅程方向，时刻了解是否有什么变化发生。

如果你有多个领导，你可以选择在会议室中与所有领导者同时使用上述工具，也可以分几次单独会议进行。如果你让所有的领导者同时在场，请确保让他们按照以下顺序回答问题：

首先是商业战略问题，然后是个人目标问题，最后是团队旅程方向问题。

领导者可能不想在彼此面前透露个人目标，所以你可以考虑在会后单独询问。与你的领导商定旅程方向将有助于团队在项目过程中始终保持正轨，并获得领导者的支持。

这对领导者有什么好处

> 人类所有需求中最基本的是理解和被理解。理解别人的最好方法就是倾听他们的意见。
>
> ——拉尔夫·G·尼科尔斯（Ralph G. Nichols）

在过去的一年里，我有幸与斯特凡·霍米斯特共事，他是一位领导力专家，曾与史蒂夫·乔布斯、联合利华的保罗·波尔曼和宝洁的大卫·泰勒等领导者共事。[16] 当斯特凡和我第一次讨论伟大的团队合作时，他告诉我，最好的团队要对自己和其他人负责，包括我们的领导者。斯特凡告诉我，你可能无法选择谁是你的领导者，但你可以也必须选择影响他们，建议团队"从领导者的需求开始，而不是从你对他们的失望开始"，无论你是在小型还是大型组织工作，无论你是实习生还是首席执行官。

斯特凡认为，领导者可以通过解释什么是成功、推动进步和消除障碍来帮助团队。为了让领导者能做好这些工作，他的建议是要了解领导者做某件事的理由，以及他们对团队的期望，只有这样才能向他们寻求支持。只有通过这种理解，团队才能接受改变或挑战，从而帮助领导者做出改进。斯特凡认为，当下的领导者不仅要对此持开放态度，更应该将其认为是理所当然的。

你的领导者必须有动力帮助和支持你的团队，这意味着我们应该考虑为他们能就此做些什么。安迪·格鲁夫在他的《格鲁夫给经理人的第一课》一书中指出，"一个人之所以没有做好自己的工作，原因只有两个，他要么做不到，要么不做；他要么没有能力，要么没有动力"。[17] 让我们暂时假设你的领导有能力支持你的团队，那么有什么能激励他们支持你呢？

我们需要更好地理解我们的领导者，为他们提供动力，正如销售工作者会尽可能地了解客户一样。我认识的许多销售人员都会把他们发现的有关客户的一切都记下来，包括客户孩子的名字、客户的爱好和最喜欢的足球队。虽然这可能听起来令人毛骨悚然，但这是一种确保你与人们谈论对他们来说重要的事情的方式，这些话题可以加深你们之间的关系和信任。

回顾我参与的成功项目，每个项目都为支持它的领导者提供了独特的动力。我想到以下五种类型的动力，可以让领导者想要支持你的项目。

获得成功的动力：比如在巴西市场开发出一系列测试效果良好的天然洗发水，产品在护发市场上领先多年，领导者可以看到这个项目将帮助他实现业绩或利润的目标。

刷新履历的动力：当我们的项目方法足够创新，足以赢得行业奖项时，领导者会在他的老板、同行和潜在的未来雇主眼里面上有光。

流行性动力：该项目为领导者提供了一些新的、有趣的或高明的话题，例如，当我们创造了次时代的手机，或开发了特殊设备可以提升性满足感，或者给女性足够的动力自己去买钻石，而不用去干等着被求婚。也许这些话题不见得适合在晚餐上聊，但是绝对会让人有兴趣为此而工作。

能力提升的动力：领导者在项目中学到了一些第一手的新东西，比如联合利华首席执行官保罗·波尔曼，他养成了访问联合利华各国的消费者家庭和客户商店的习惯，他不仅通过PPT了解市场，而且通过丰富而难忘的经历来理解人。[18]

崇高目标的动力：即领导者觉得该项目能在他们所热衷的话题上有所成就，比如赞助一个减少包装、提高消费品可持续性的项目，或者改善广告中忽视性别平等问题的项目。

当你遇到一个新老板时，找出激励新老板的方法就尤为重要。益普索洞察全球主管苏·菲利普斯告诉我，当益普索与思纬合并时，她发现自己要向一位几乎不认识的老板汇报工作，这位老板在定性研究方面几乎没有专业知识，而这恰恰是她的专长。苏决定从伦敦前往布鲁塞尔与她的新老板会面，了解新领导的更多情况，同时向他展示自己今年的计划。苏主动发出了邀请，而不是等着领导召见。尽管双方对彼此知之甚少，但他们很快找到了共同点，相互理解，这为苏的工作奠定了坚实的支持基础。花时间倾听和理解那些将影响你项目的领导者，你会更好地知道如何激励他们，并获得更多的支持。

> 最重要的是，领导者必须得到信任和尊重。领导者和选民之间的信任开启了双向沟通之门，这让他们有可能实现共同目标。
>
> ——马文·鲍尔（Marvin Bower）

工具 24：
领导者倾听工具

认真倾听领导者，听他们在谈论什么，他们会对什么感到兴奋，是什么让他们生气，他们喜欢讲什么故事？寻找你们之间真正的联系，理解他们。如果可能的话，尽量寻找你们之间的共同点，比如你们有什么共识，你们有什么共同点，你们有共同点的基础是什么？倾听将帮助你找到激励领导的切入点，让他们支持你的项目。

这个工具基于前文提到的五种领导者的动力，可以帮助你思考怎样激励你的领导。这可以在任何会议期间完成，也可以通过你的任何电子邮件完成，如果你能在社交媒体上找到领导，也可以充当一个"社交媒体倾听者"，看看他们喜欢什么，每天发布、分享和评论什么。

　　这个工具的第一步是倾听与做笔记。把自己想象成一名记者或定性研究人员。尽可能详细地逐字逐句地写下老板使用的确切语言。当你倾听的时候，要注意以下线索。

获取成功的动力：对他们来说什么算是成功？

- 当他们谈论成功时，是否描述了绩效、目标、胜利、竞争和最终结果？
- 他们在社交媒体上发布、评论、点赞或分享了哪些成功？
- 当你下次与他们谈论项目的目标、可交付成果和结果时，你可以使用哪些具体的词汇？

刷新履历的动力：他们喜欢被人看到吗？

- 他们会谈论如何给别人留下深刻印象吗，比如拉拢某人，或者在某个特定人群面前表现出色？
- 他们会因为你想要在某些人面前看起来更好而感到担心，或警告你吗？
- 他们在社交媒体上关注谁、欣赏谁，又为谁点赞或转发吗？
- 他们会谈论自己的下一个角色是什么，或者自己未来几年的特定目标是什么吗？

流行性动力：他们想对这个项目说些什么？

- 他们会告诉你什么故事，会因什么而发笑，当他们问起这个项目时，他们最感兴趣的是什么？

- 他们经常提到哪些案例或主题？
- 当你在茶水间遇到他们时，他们会谈论什么类型的事情？

能力提升的动力：他们想从这个项目中学到什么？

- 他们的签名、领英个人资料或简历上有什么资历证书？
- 他们是否提到任何课程、培训或领导力计划？
- 他们是否谈论学习、教训、应用学习或从错误中吸取教训？

崇高目标的动力：这个项目是否符合他们的价值观？

- 他们关心什么？他们支持什么事业？他们向哪些慈善机构捐款？
- 他们的爱好是什么？他们的爱好说明了什么？他们希望自己的爱好能说明什么？
- 他们热衷于什么、因什么而知名或参与过什么？

如何使用这个工具：

- 使用这个工具的一种方法是向领导者就每个激励因素提问，并写下他们所说的话——假如他们是那种愿意被这样提问的领导者。
- 有时，倾听、做笔记和分析他们的内在动力比向他们提问更容易。你可能不想让他们知道你正在分析他们。在这种情况下，你可以使用之前在确定项目旅程方向时做的笔记、其他会议笔记、你在社交媒体上发现的内容，以及领导以前做过的任何其他演示。

- 在记好了笔记后，分析领导者使用过的关键话题、单词和短语，并根据五种不同的动力将它们勾勒出来。

- 整个团队在一起，在墙上为五种动力各准备一张挂图，让团队成员在便利贴上写下笔记中的关键短语、特定语言和主题，并将其挂在相关的挂图上。另一种方法是为团队创建一个共享文档（由五种动力组成），团队成员可以在其中记录个人会议的观察结果，与整个团队共享，并不断补充。

- 分享并讨论你为每种动力记录的语言、主题和短语。你应该能够通过领导者的言行，发现他们能从什么地方获得激励。

- 很少有人只受一种动力激励，所以你可能会在好几个方向上发现激励领导支持你的项目的好想法。

- 记住这些动力，以及你记录下的特定语言或主题，以便在下次更新或谈话时使用。如果你的领导谈到"从效率到质量的转变"，那么在下次会议上你们就要提到这句话。如果你的老板谈论即将召开的大型会议，记得问他们你的项目是否会成为会议上演讲的主题。如果他们喜欢使用体育类比，可以拿精英运动队来类比你的团队，然后把他们比作团队的教练，团队需要他们的支持。

Paraffin：
让领导者先说话

我工作的主要目标是让客户的生活更轻松，并使他们的项目在内部取得成功。实现这一点的一个重要因素是清楚地了解我们如何帮助他们的工作。然而，作为一家咨询公司，我们通常只能看到一个项目，而没有看到他们正在进行的许多其他项目和他们所面临的压力。当我们的时间表很紧，只能赶时间开快速会议时，我们往往会打电话，在电话上直接讨论项目更新、问题和行动等主题。

但在每次谈话时，我都会问他们项目进行得怎么样，自上次见到他们以来是否有什么变化。在你预约的 30 分钟电话中，你要花 20 分钟来听，这 20 分钟对项目的价值要远胜于把时间花在项目更新上。你会知道客户担心什么，对他们的工作和关注点有更广泛的了解，所以你的更新也会更有分量。无论你的时间多么紧张，每次谈话都要让客户和领导先说话。

在日常交流中，会话能力固然很重要，但倾听更重要。你倾听的能力将会塑造与他人会话的能力。没有好的倾听，就没有畅所欲言。

——埃丝特·佩雷尔（Esther Perel）[19]

让领导者直接参与

在我们与领导者的互动中，我们的工作要确保他们了解我们的团队、项目、客户或我们正在处理的问题。做到这一点的最佳方法是让他们与客户、项目问题或主题直接接触，让他们亲身体验。今天，我们可以很容易地在谷歌上搜索一些东西，听到关于某些东西的演示，或者在社交媒体上看具体内容，这让我们觉得很多事情不需要自己亲力亲为地体验。

我记得在手机刚出现的时候，我们不得不限制发短信和打电话的次数，因为当时的电话费太贵了。然而，现在所有的手机客户，即便是初级用户，都有着数不尽的通话和数据，这意味着我们无法理解客户是如何看待短信的，也无法理解客户是否会基于成本考虑减少通话。当与研制牙膏的科学家合作时，我发现他们通常从人们每天刷牙两次的假设开始。想象一下，当我上午 10 点在座谈会上听到一个年轻人说"早上刷牙对我来说是浪费时间"时，这些科学家会感到多么尴尬。让决策者能直接接触项目、主题或客户，这一点非常重要。

有时候，让领导者支持你的最好方法是让他们直接站在第一线。联合利华是最早要求每一位高级管理人员与董事会成员，都要定期拜访消费者的大公司之一。在普雷特公司（Pret A Manger），每一位新员工，无论他的级别多高，在第一次加入公司时都会被要求在车间工作一周，之后每年必须在车间待两天。我们在与公共部门的合作中也这样做。最近，在一个为社区降低犯罪率的项目中，我们所做的不仅是调查，还邀请了决定资金使用权的地方议员参加城市社区会议，让他们会见居民，获得第一手资料，让议员们了解居民的担忧和想法。

> 专业干预的优势不再是传递专业知识，而是培养、转变和构建客户的能力。
>
> ——迈克尔·施拉格 [20]

让你的领导者立足于客户需求，这有助于创造"仆人式领导力"，这是罗伯特·K. 格林里夫（Robert K. Greenleaf）[21] 创造的一个术语，旨在帮助领导者记住选民的需求，而不是领导者自己的表现或形象。[22]

联合利华：
与消费者建立联系

保罗·波尔曼曾说领导者要保持谦逊。他说，作为领导者，身边免不了各式各样的夸赞，这可能会让你身处于泡沫中，忘记了这些夸赞可能源于你的特权。[23] 因此，联合利华的 CMI 团队鼓励从工厂工人到首席执行官的每一位员工，坚持与客户和消费者见面。为此他们构建了一个名为"永远在线"的在线平台，在这个平台上，雇员可以与世界任何地方的消费者进行虚拟会议。例如，他们可以为肯尼亚的烹饪汤爱好者在下周某天下午 4 点安排一场会议，并将自动生成视频直播聊天邀请链接。在会议之后，他们可以记录在这次会议中的发现，并在内部应用程序上与团队其他成员分享自己的见解。[24]

有很多工具都可以帮助你的领导在第一时间了解团队项目，我非常鼓励领导与客户直接接触。首先，我们可以通过简单地安排一场拜访，或者会面来实现这样的接触。其次，我们也可以通过增加竞赛环节将你的领导带入到项目中。

工具 25：
客户问答竞赛

客户问答竞赛是一种让领导参与的好方式，这种参与会教他们一些新东西，消除他们可能存在的误解，并让他们有机会倾听客户的声音。我发现，只要你做好准备，大多数资深人士都喜欢参加这种小比赛。这种竞赛引人入胜，以积极的方式暴露他们对客户的偏见。

如何为领导设置客户竞赛：

1. 你希望领导了解关于项目、客户或问题的哪些内容？是否有一些神话需要打破，或者对客户的假设并不准确？确定你想要提出的要点。

2. 研究如何利用你的客户将真相带给领导。例如，如果你的团队正在为 70 多岁的人开发在线信息服务，而且你知道，在你的领导眼里，70 岁的老人就是一群弯腰拄着拐杖、穿着花色衣服并喜欢打桥牌的人。那么你就需要找到三个更符合你的目标客户形象的 70 岁老人，比如身体健康、经常旅行、正在经营自己的企业。

3. 为这三位老年人创建一个基本档案，包括姓名、年龄、居住地、工作和爱好。

4. 创建五个与项目相关的问题供这三位老年人回答，问题可以从宽泛的概念开始，然后后面变得越来越具体。

- 你现在最喜欢的活动是什么？
- 上网能做的最棒的事情是什么？
- 你在网上主要做什么？
- 你最喜欢的应用程序和网站是什么？
- 为什么这些网站是你最喜欢的？

5. 向客户询问这些问题，并将其录影记录下来或写下他们所说的话，整理为每个问题的答案。

6. 向领导提供每个客户的基本情况，并让他们根据他们掌握的信息告诉你他们认为的答案是什么。

7. 然后通过播放录影或者展示幻灯片，向领导展示客户所说的内容，向他们展示真正的答案。

8. 最后总结一下你从客户处所学到的东西（例如，他们都喜欢易于导航、有很多图表的网站，并希望在这些网站上看到跟他们有一样想法的人）。

9. 基于从客户那里学到的东西，你可以对领导的答案进行评分，或者指出我们在哪里学到了什么，做错了什么，或者提出更多需要团队研究回答的问题。

如何使用这个工具：

- 要仔细筛选提前设置的内容，确保有合适的客户回答问题，并为项目提供见解。

- 如果你找不到或联系不到真正的客户，你可以使用调查数据或以前的研究案例，或者引用社交媒体上别人的发言来构建问题和答案。

- 提前为问答设定正确的基调，确保让领导者觉得这是一场轻松的游戏，而不是暴露他们认知差距的陷阱。

- 让团队与一群领导者一起参加比赛，而不是让一个领导当着很多观众的面一个人回答问题。

- 要确保评分系统是合理的，并且提前解释规则，因为如果参与者感到规则不公平，往往会非常恼火。

- 设法让这个问答竞赛更像一个游戏，比如加入关键短语，使用记分卡，编制多项选择题，为比赛设置奖品。有时我们甚至会让竞赛主持人穿上一件闪闪发光的夹克，就像很多竞赛电视节目一样，但这意味着要额外做更多的工作。

- 确保每个人都知道，答案中的每个客户都是一个将问题生动化的个体，他们并不能完全代表整个客户群体。

显然，并不是所有的领导、客户或主题都适用这种方法，但你可以试着做些调整让他们适应这种形式，比如简单地展示一段话，问大家是真是假，然后根据答案讨论他们的回答为什么是对的或是错的。我们在呈现趋势时经常先故弄玄虚一番，然后再揭示被误解的真实情况。

你可以和团队一起做个简单的竞赛，看看团队成员在没有某种东西的情况下能撑多久，例如，我的一位纸巾业的客户要求他的团队成员在几周内不使用纸巾，只使用布制的手帕，通过这种竞赛，让他的团队成员深刻了解了纸巾与手帕的优缺点。

任何可以直接让你的领导参与团队工作的活动，都会让他们难忘，因为这能教会他们一些新东西，并让他们在下次活动中拥有更多的谈资。

直升机视野

领导者通常能给予团队的最好支持是他的视野。大多数老板都不参与日常工作细节，但对于你的团队如何与业务中的其他项目相配合，他们往往有着更广泛的了解。亚历克斯·汤普森（Alex Thompson）是世界上最有成就的帆船航海家之一，他谈到了在大海中航行"直升机视野"的重要性：不能仅从船长在驾驶舱的视野来考虑旅程，还应该从空中想象，俯瞰你的船只和整个旅程。

　　领导者的视野能帮助团队走出日常生活的局限，从高处考虑问题，这种视野是非常宝贵的。我们在工作中面临的主要挑战之一就是如何平衡短期和长期增长；如果我们过于专注短期胜利，我们就有可能没有提前考虑那些即将发生的问题。[25] 简单来说，我们不能过于执着于细节。联合利华 CMI 除臭剂总监珍妮弗·怀特曾对她的团队说："消费者不是腋窝！"以提醒她的员工，消费者是一个整体，而不仅仅是除臭剂的使用者。

　　　今天的决策者常常陷入传统的线性思维，或者过于专
　　　注需要他们关注的多重危机，无法从战略上思考影响我们
　　　未来的颠覆和创新力量。

　　　　　　　　　　　　　　——克劳斯·施瓦布（Klaus Schwab）[26]

决策疲劳

　　当人们有太多的决定要做时，就会出现"决策疲劳"。人们在疲惫时会做出糟糕的决定，也不太可能做出正确的道德判断。[27] 如果我们让老板做出太多决定，他们可能就没法帮我们做出关键问题的正确决定。科学家们研究了蚂蚁如何对影响群落安全的问题做决策，他们发现当给一只蚂蚁两种选择时，它往往会花更长的时间选择最糟糕的决定，并可能会威胁到蚁群。更好的决策形式是，一群蚂蚁在选择正确的路线之前，平行探索所有可能的选项，因为"选择过载"会影响个体的选择。简单地说，相较于老板，团队更善于做决策。[28]

> 领导者通常在信息不足和不完整的情况下工作。没有人拥有做出决定所需的所有信息，所以你自己的个人能力是关键，你需要有能力在信息不完整的情况下做出判断。
>
> ——克里斯·哈德菲尔德（Chris Hadfield）[29]

市场研究：
大数据和重大决策

前文谈到过，我在卡夫食品公司做过大量烦琐的填表工作，在这之后，我在卡夫食品公司担任市场研究员，向我的第一任老板和出色的导师莫妮卡学习。我们负责中东和非洲市场的研究，并进行高质量的市场销售报告分析。那是在 2000 年后，那时中东各地商店的采购和库存数据还需要由现场审计员亲自在商店手动采集。由于大多数销售我们产品的商店都没有电脑或条形码扫描仪，调研公司只得访问每个国家的代表性样本商店，由此推断出前两个月的销售数据。我们会晚一个月得到前两个月的信息，比如我们会在 3 月底之前得到 1 月和 2 月的数据。从这些数据中可以发现市场发生了什么变化，比如主要畅销品缺货，或者竞争对手改变了价格。而对于我们所实施的应对措施，需要 6 个多月的时间才能知道是否有效。

莫妮卡现在是一名战略营销顾问，她仍然致力于对消费者和购物者的研究，当我们再见面时，她告诉我市场发生了巨大的变化。原来花几个月时间才能得到的超市数据现在 10 天内就能送达，也就是说在 2 月 10 日就能得到 1 月份的数据。这是因为现在的报告源于商店提供的电子终端销售数据，而不再是推测的销售额。事实上，如果必要的话，我们可以要求每周提供数据汇报，比如在 1 月第 3 周就可以看到第 1 周的数据。不过过于频繁的数据更新也会妨碍高质量的分析和决策。

莫妮卡说，现在的挑战不再是没有可用的信息，而是管理巨大的信息流。在正确的时间将正确的信息提供给正确的人，以确保得出高质量的分析，才是做出正确商业决策的关键。我们需要更仔细，不要因细节而分心，只对短期数据更新做出反应，而忘记了大局。莫妮卡还告诉我，一些团队会有意识地与不同责任级别的领导共享不同的数据细节，这意味着高级别的领导通常只能获得顶层的数据报告，因为这是他们了解业务和做出决策所需的数据。

团队可能会向领导者提供大量数据更新，并共享所有可用信息，以帮助他们做决策。然而，为了我们能从领导的广阔视野中获益，我们需要将他们与这些琐碎细节分开，以便限制向他们提供的信息量。问题的关键是让领导者帮助我们做出正确的决定，而不是直接让领导者为我们做出决定。

随着我们处理的业务问题越来越复杂，获得的信息越来越多，要做的决策越来越重要，也越来越紧迫，我们的压力也越来越大。此时领导者所扮演的角色就是向我们提供重要的"直升机视野"。当团队回归日常工作时，他们可以退后一步，寻找长期模式。

　　对于一家公司来说，重要的不是可以积累的信息量，
而是它将这些信息联系起来并从信息中提取价值的能力。

——弗兰克·范·德里斯特等人

（Frank van den Driest，etc）[30]

　　获得领导者的支持对团队的工作至关重要，但可能非常
具有挑战性。最重要的是要记住，超能团队会设法得到这种支
持——他们让领导者分享决策方向，明白该如何激励领导者，
从领导者独特的视野中获益，从而取得成功。

关键要点

- 向上管理是团队成功的关键。
- 了解你的团队目标如何与组织的方向相适应，意味着你
  的团队可以更具适应性并更灵活变通，同时也能确保团
  队的项目旅程目标是正确的。
- 一个能从你们身上看到项目成功的领导者将帮助和支持
  你的团队实现目标。
- 让你的领导者了解你的客户或你正在处理的问题，让他
  们深入参与你的项目。
- 领导者提供的观点对于帮助团队超越日常视野并做出正
  确的决定至关重要。

第 10 章

利益相关者参与

利益相关者对项目成功至关重要。我们需要他们成为我们的拥护者,而不是诋毁者。许多团队的工作会受对项目感兴趣的更广泛的群体的影响,让这些利益相关者及时了解最新情况可能很困难。如果你给他们公开太多信息,他们的干预可能会让项目偏离轨道,而如果你对信息有所保留,你就有可能在后期得不到他们的支持或同意。

超能团队从一开始就会让利益相关者参与进来,在项目的整个过程中,会经常定期与他们沟通。你可以使用本章的工具为你的利益相关者提供定期的、有用的和建设性的更新信息,让他们始终站在你的一边,不阻碍你团队的工作。

本章学习要点:

- 如何在项目开始时识别和吸引利益相关者。
- 如何在整个项目旅程中对其进行管理。
- 如何理解利益相关者的议程，并确保他们是项目中的积极力量。
- 如何为利益相关者讲好故事。

谁是你团队的利益相关者

"利益相关者"一词起源于 18 世纪，指的是在赌博中下注的人，或"置于风险中的人"。[1] 换言之，他们是独立人，在明确输赢之前一直在向一方下注。现在这个词的意思已经演化为对你的工作有既得利益的人，对你的工作的成败与否有兴趣的人。

利益相关者可以是公司的同级别同事，也可以是其他部门或组织的成员。如果你是电视制片人，那你的利益相关者还包括内容审查委员会的专员。在慈善机构，你的利益相关者包括受托人和客户。在公共部门，你的利益相关者可以包括志愿组织、社区团体和居民。任何可能受到该项目影响并希望在项目中有发言权的人都是利益相关者。在大多数项目中，你知道利益相关者是谁，甚至在某种程度上你可以选择利益相关者，尽管更多的时候，利益相关者是突然冒出来的，完全出乎你的意料。有时你并不清楚其实有些人对你的项目是感兴趣的，直到他们不请自来地出现在你面前。

当我还在欧洲最大的商业广播公司 ITV 工作时，我曾与克莱尔·汤普森合作过，他是开发电视创意方面的专家。我们的工作是为大型现场活动提供创意，取得全英国范围的关注，以此为慈善事业筹集资金。我们有一个名为"大断电"的创意，这个创意号召全英国观众在某个周六晚上同时关掉家里的灯和电视，以提高人们对气候变化的认识。直到英国国家电力公司联系到克莱尔和我，并邀请我们去拜访他们时，我们才意识到他们也是我们的利益相关者。我们在英国国家电力公司度过了一个愉快的上午，他们向我们展示了英国的电力系统是如何工作的，并向我们解释了这项活动会在全国范围内引起巨大的电网冲击并引起大规模故障，甚至会对人们的安全构成危险，于是我们否掉了那个想法。

在利益相关者之间维持平衡是一个棘手的工作。你需要让他们参与进来，这样他们才会认可团队正在做的事情，但如果你过早或过多地让他们参与决策，他们很有可能会要求你什么都按他们的建议来，或者你的所有决策他们都要参与。但如果你让利益相关者太晚参与进来，他们可能会觉得你的项目和他们没什么关系，那么无论你的工作成果多么优秀，他们还是有可能拒绝。这通常被称为"非我发明"综合征，如果人们自己没有参与某项发明，他们更有可能拒绝承认这个发明。[2]

毕马威会计师事务所一项有关创新的研究发现，获得其他业务部门的支持对创新成功至关重要——如果其他部门对创新团队正在做的事情感到惊讶，就说明并没有从一开始就让他们参与进来，那么内部冲突就很有可能阻碍创新。[3]

合作和沟通总是很难，它们是一种负担。但是，无论
你是否喜欢，如果你想在任何一家大型组织中取得成功，
你都需要与别人合作。

——鲁斯·威尔逊（Russ Wilson）[4]

虽然你应该考虑利益相关者的想法，但不能让他们的想法
影响你的项目进程，特别是当利益相关者只考虑自己利益的最
大化，而不顾更广泛的其他群体或组织的利益时。管理利益相
关者的最大挑战和机遇是如何让他们觉得自己参与了进来，这
样当项目取得成功时，他们就会分享你团队的成功，并相信他
们在其中也发挥了作用。

利益相关者旅程

利益相关者的管理是一场漫漫旅程，无法毕其功于一役。
在实现团队目标的每个节点上，你都需要考虑如何以及何时让
他们参与进来。这简直是一场沟通的战役，这场战役从你要如
何称呼项目开始，包括如何阐述你的目标，如何介绍你的团队，
哪些团队成员负责与他们联系，你打算如何让他们全程参与，
怎么和他们商议时间安排和截止日期，以及如何从项目一开始
就对他们进行期望管理。

在项目开始时，大家往往更喜欢只找几个人谈论具体项目，
而不愿一上来就考虑利益相关者问题，这可能会带来预料之外

的挑战或期望。因此，在让利益相关者参与进来之前，要从团队整体的角度按照以下六步来讨论利益相关者旅程。

1. **识别利益相关者**：思考谁是显而易见的利益相关者，以及是否有会为你提供必要支持的不那么明显的利益相关者。

2. **向利益相关者提供更新信息**：向他们提供有关你的项目、目标、方法以及希望他们如何参与的信息。

3. **了解利益相关者**：了解他们对项目和你的方法有什么看法，他们有什么建议。

4. **联系利益相关者**：定期让他们了解你的最新进展。

5. **让利益相关者参与进来**：向他们征求反馈意见，并让他们与团队一起提想法。

6. **说服利益相关者**：一旦做出决定，就要说服利益相关者这是正确的决定。

整个团队一起讨论以上的每一步，并为如何与利益相关者打交道做好准备，这样你就能先人一步，领先其他项目团队，尽早计划与利益相关者的接触。本章将提供一些相关的方法和工具，让你的利益相关者旅程更加顺利。

认真设计项目品牌

在与利益相关者联系之前，首先要考虑如何给项目命名。

不要让他们从你的项目联想到过去失败的工作（所以要创建一个全新的项目名称），可以在过去成功项目的基础上构建一个名称（把原来成功项目的名称拿出来再用）。

我做过 20 年的研讨会主持人，我发现"研讨会"这个词会让大家有不好的联想。因为很多研讨会的设计往往很糟糕，简直是在浪费时间，我们可不想与这样的会议联系在一起。于是我不再把这些会议称为研讨会，尽管这对于我这个写了一本名为《研讨会手册》的作者来说确实有点讽刺。现在我们根据任务命名会议，比如工作会议、共创日、深度思维碰撞、加速会议，等等，无论你管它叫什么，就是千万别让人觉得你邀请他们参加的是研讨会。注意，要让项目名称聚焦于任务结果，而不是任务的起点。因此，比起"空气污染委员会"，"清洁空气行动小组"这个名字就顺耳得多。这从一开始就改变了你向利益相关者展示自己的方式。

最好为你的项目设计一个视觉品牌。据专家估算，人类至少有 70% 的交流是非语言的，[5] 我们的注意力持续的时间很短，而且由于我们日常总是在处理海量的数据，所以仅仅依靠语言来传达团队精神是远远不够的。视觉品牌对于建立身份识别、培养他人的信赖感来说都是至关重要的。使用 PowerPoint 自带的特色模板、配色方案甚至徽标就能帮你制作一个简单的视觉品牌。这会让你的团队和团队工作在利益相关者眼中与众不同，这个标识还会成为利益相关者牢记你们的捷径。如果你有什么需要躲开的糟糕联想，例如之前不受欢迎的项目，那不妨新建一套素材，这样他们就没法从这里联想以前的项目了。

当我为"桥梁项目"工作时，我们团队会做视觉品牌创建，这样人们就可以很容易认出我们发的邀请函，因为我们希望促进合作，所以我们所有的幻灯片都很简单，使用自创视觉品牌的图标，而不是像其他企业那样，大量运用无意义的项目符号和图表。

盟友、支持者、破坏者

一些利益相关者会像盟友一样，他们希望你的项目取得成功，并一直为你提供建议和支持。而有的利益相关者则没什么很强的主见，只是乐于看到事情在推进。不幸的是，并不是所有的利益相关者都希望你的团队实现目标。比如某个部门的工作会因为你的效率提高而减少，或者你的工作暴露了原来你不知道的小团体问题，这时利益相关者可能会在你没有意识到的情况下成为破坏者。

迈克尔·施拉格在他的《严肃游戏》一书中发出诘问："cui bono？"（谁会受益，这又是为了谁？），并指出强有力的标杆会同时带来赢家和输家。当我读到这篇文章时，我如同醍醐灌顶，原来我从来没有考虑谁会成为输家。作为一个乐观主义者，我总是考虑项目可能让谁受益，但我从不考虑谁会因此而成为输家——而那些注定要输的人很有可能会成为破坏者，无论他们是否对项目持开放态度。

经营小企业最好的一点就是，我不必应对办公室政治这门黑暗艺术。研究表明，办公室政治（"可观察的，但往往是隐蔽的高管影响内部决策的行动"）对企业的竞争力和增长产生了直接的负面影响，因为它会降低公司做出良好决策的能力。[6] 所以，从官方的视角出发，办公室政治对企业是不利的！办公室政治之所以如此棘手，是因为它往往是隐蔽的。根据我的经验，善于搞办公室政治的人并不喜欢研讨会，因为他们会被要求在公开场合，在每个人的面前表达自己的意见，而不是通过一对一的私下闭门会谈来影响彼此。本章的第一个工具可以帮助你避免内部的办公室政治，并以透明和建设性的方式剥夺那些喜欢搞权谋的人的权力。

工具 26：
利益相关者秘密调查

这项工具可以帮你匿名调查所有利益相关者，并将答案汇总为每个会议参与者都能讨论的主题。个人访谈是一种了解利益相关者想法的好办法，是非常值得尝试的，因为这样的共享式调查会将所有利益相关者置于平等的地位，让他们都可以诚实地说出自己的想法，同时也给了所有人发言的机会（这样一来，他们以后就不能埋怨没人问自己的意见了）。

工具的预先准备:

- 列出所有已知的利益相关者。考虑那些显而易见的人,比如一些业内资深人士,或者其他你感兴趣的、可能提出宝贵意见的专家。我有时会把退休的、离开公司的或调到新部门的人也包括在内,因为他们也可以提供很好的建议。

- 撰写一份不超过五个问题的简短调查,让参与者单独或匿名回答。

- 要求他们尽可能详细地回答问题,因为了解他们使用的语言和表现出来的情感对于理解他们的观点至关重要。

- 向他们说明,你会逐字逐句地引用他们的话(尽管答案是匿名的,但人们很容易通过这个人说什么和怎么说来判断他的身份,所以一定要提前警告他们)。

- 鼓励人们发表自己的观点——他们可能不知道正确的答案,但他们可以作为众多被调查者之一发表自己的个人观点。

- 这项调查适用于 5~20 个人参与。理论上说,你想邀请多少人就可以邀请多少人——但这分析起来也相对要困难得多。你还需要邀请一位调研员,来为这 20 名利益相关者设计问题。

秘密调查问题:

1. 这个项目主要的好处是什么,又会创造什么机会?

2. 在这项工作中,我们需要克服哪些挑战?

3. 你的愿望清单是什么？

4. 这里有没有我们应该避免的危险、浪费或死胡同？

5. 你对这项工作有什么问题和担忧吗？

你可以创建自己的问题来匹配你的项目，但要保持类似的模式（好处、挑战、愿望清单、避免、担忧），这样你就可以帮助人们以平衡的方式表达积极和消极的观点。

如何使用这个工具：

- 通过电子邮件发送调查，或者让人们手写答案给你，或者只需指定一个人通过电子邮件秘密整理所有答案。

- 重要的是，整理人只能有一个，而且所有答案是匿名的——因为工具的力量在于寻找共同主题，而不是呈现每个人的观点。

- 给人们一个答复的截止日期。一周是比较理想的期限，时间过长人们会忘记这件事，而时间太短，人们又会抱怨没有及时通知他们。

- 在截止日期的前一天提醒那些还没有完成的人，提醒他们这是他们表达自己观点的机会。

- 一旦你拿到了所有调查的答案，先看看第一个问题的答案，并记下前三到五个关键主题，例如"节约成本"或"改善我们的客户服务"。

- 使用 PowerPoint 为每个主题制作一张 PPT 幻灯片。

  幻灯片 1 "问题——主题：节约成本"——将所有与

节约成本有关的答案放在本页幻灯片上。

　　幻灯片 2 "问题——主题：改善我们的客户服务"——将与改善客户服务有关的所有答案放在本页幻灯片上。

- 完成问题 1 中的所有主题，然后再按照上面的操作处理第二个问题。
- 确保用确切的语言逐字逐句地引用他们的原话，不要对他们的答案进行总结或改写。对于一般人来说，自己的文字被完整地阅读出来是很重要的。
- 如果大家的回答相似，那你就不需要使用所有人的每个答案，只需确保表达了他们的观点即可，并且每个人在整个汇总文件中至少要被引用几次。
- 有些人会写成段的话，而有些人只会总结几个单词。试着从长段落中选择较短的引语或单句，以确保答案的长度合理，并能切中要害。

　　使用这个工具时最好让大家聚在一起，并将结果呈现给回答问题的人，也许项目启动会就是个很好的时机。如果找不到这样的场合，你也可以把它发给大家阅读。

　　在每个项目中我都会做这样的调查，尤其是针对公共部门的项目，因为通常这类项目都能引起从普通人到政客的广泛人群的兴趣。要求利益相关者分享他们的真实意见，并将自己与其他人的意见综合考量，他们就会考虑其他人的观点，而不仅仅是自己的观点，这样他们就没机会偷偷地进行秘密谈话了。

这个工具对那些更注重利益、更谨慎或拥有更内向文化的团队也非常有效，对于那些成员语言水平不同，或自信程度不同的团队来说也很有效，因为团队成员可以充分思考自己的答案，并做好准备，也不需要面对临场演讲的压力。有时，在适当的时候，我们也会让大家猜测某个人说了什么，来为会议带来一些竞争和乐趣。

了解人们的真实想法可以从项目一开始就帮你了解团队所处的环境——你也可以在整个项目中使用利益相关者秘密调查。这个工具是一个很好的方法，可以确保以结构化和清晰的方式收集每个人的意见。

最大的问题不是信息过剩，而是意见过剩。

——马努什·佐莫罗迪（Manoush Zomorodi）[7]

构建进步

当你与利益相关者分享项目进度时，你就有可能遭受他们的批评或挑战。当有人要求我们对某个观点发表评论时，尤其是在工作中，我们会本能地去挑错，并指出问题。在我之前工作的一家公司，我们会把向高级领导做跟进汇报称为"海鸥"。在这样的会上，你会准备好汇报的幻灯片上台演示，然后高级领导会从很高的角度，对你的汇报评头论足，就好像在海边高空中的海鸥对着路人排泄一样。

所以与利益相关者分享进展需要非常小心，他们肯定会对你们挑三拣四，并且不会总是认可你们团队的进展。如果你想确保利益相关者能给出建设性的反馈，为你提供更好的想法，那就需要构建一场会议。

工具 27：
构建会议

无论是在与利益相关者汇报进展，还是有新的想法需要他们做决定时，这项工具都能帮助你，让他们在会议上提出建设性意见，而不是简单地一味批评。这一点很重要，因为如果利益相关者只关注问题，就可能会让你失去一个伟大的想法。多发掘一个想法的正确之处，这样才能去伪存真，要知道"存真"与"去伪"同样重要。

构建会议分为四步：

1. 分享迄今为止的想法或进展。

2. 确保到目前为止取得的进展是正确的或运转良好的。

3. 就需要改进的地方达成共识，并提出改进建议。

4. 分享错误或遗漏的地方，并就如何行动达成一致。

如何构建会议：

- 将所有利益相关者召集到一起开会，并通过构建会议的四个步骤与他们交谈，让他们了解要在会议中做什么，以及每个议程的时间。

- 让他们准备好笔和便利贴，告诉他们需要把自己的想法写下来。

- 要确保每个人都写完了再让大家发言。这是为了让每个人都有机会发表意见（而不是让音量最大的人先发言），还能避免在听了别人的发言后就忘了自己的想法。同时这样做也便于将相似的想法归类，先讨论最重要的问题。

- 以结构化和清晰的方式分享项目的进展或大家的想法。如果有三个想法，请将它们以相似的格式写出来，这样就很容易对它们进行比较。如果有很多决定需要按程序说明，那么就列一个时间表，以便大家理出要点。尽量让分享的内容可视化，这样大家才能在下一轮更新汇报时很快想起上一次讨论的内容，为此你可以在展示的时候在墙上挂图说明。

- 在你分享了项目进展或对项目的想法后，给大家留点时间，让他们写下他们认为正确与好的地方。让他们把每个不同的想法单独写在一个便利贴上，然后贴在挂图上，或者放在相关想法的下面。

- 让人们写下需要改进的地方，以及让想法或项目变得更好的任何建议，放在不同的挂图或想法下面。

- 让人们写下错误或遗漏的地方，也写在单独的便利贴上，并放在最后的挂图上。

- 将团队分成三组，一组研究好的或正确的想法，一组研究要进行改进的地方，最后一组研究错漏的地方。

- 要求每组将其便利贴主题按相似的想法归类，并总结小组想法的要点。

- 一旦每个小组都做出了反馈，你就会清楚地了解整个利益相关者小组在哪些方面达成了一致意见，这个项目哪些部分是好的，哪些部分需要改进，还缺少哪些部分。
- 在总结之后，针对需要改进的地方和缺失的地方进行讨论，与利益相关者一同思考更好的方法。

在构建会议开始前制订行为规则是很重要的。我会尽可能要求人们不要批评某个想法，而是设法改进它。这意味着，如果他们想不出更好的解决方案，那么目前的解决方案就会被保留下来。强调建设而不是批评意味着人们与你一样，要为你们一起构建的想法负责任，而不只是一味挑战你就可以了。然而，在对待非常复杂或情绪化的话题时要非常注意，因为在面对没有简单解决方案的问题时，人们都会希望别人能倾听自己的意见，不要让行为规则关上沟通的大门。

构建会议可以为利益相关者的实际参与打下坚实的基础，确保他们能在让团队做得更好的基础上，帮助你共同改进工作。

讲好故事

与任何其他能力相比，这些能力更接近于领导力概念的核心：推动人们采取行动的能力、进行有说服力沟通的能力、增强追随者信心的能力。

——约翰·加德纳（John Gardner）[8]

在与利益相关者接触时，免不了需要说服人们你的决定是正确的。为了与利益相关者进行有说服力的沟通，一个好办法就是讲一些有说服力的故事。对我们来说，记住故事要比记住事实容易得多。每当有人说"我要给你讲个故事"时，我们总会忍不住坐下来听。我们应该思考如何向利益相关者用故事讲述项目信息，而不是罗列一堆事实和图表，用那些他们记得住并愿意跟其他人分享的故事打动他们。

趋势观察公司的亨利·梅森表示，他们的主要工作是讲故事，只有少部分的工作是在观察趋势，这项工作主要是帮助客户将信息转化为鼓舞人心的故事，以此激励客户团队创新、改变或满足新需求。在麦肯锡的"构建变革模块"模型中，成功实现行为改变的第一步就是讲一个引人入胜的故事。[9] 如何让利益相关者相信他们是你项目叙事的一部分，这可是一门艺术。

女性和泳衣

很多女性喜欢游泳，但她们只是喜欢下水游泳时的感觉。可在这之前，她们要先去公共更衣室脱衣服，穿上可以向陌生人展现体型的泳衣，蹑手蹑脚地穿过公共场合，然后才能进入泳池。等游完泳后，她们还得穿着这套变得潮湿而紧致的泳衣走回更衣室，在这个过程中，你的身形在别人面前都暴露无遗。这种体验无论从什么角度看，都不太令人愉快。我相信很多女性都会认同这一点，但之前与我共事的一家泳装公司的决策层大多是男性，他们并不能真正理解这一点。他们理解女性对此会有点别扭，但他们无法理解女顾客所感受到的不适、不自在和恐惧的程度。

于是我们让团队中的每个人去问问自己的女性朋友和家人，我们最常听到的一句话就是"我对自己穿着泳装的样子感到非常不自在，这让我都不知道该怎么走路了"。这句话让我们的团队与客户在情感上有了更紧密的联系，之后他们的每个创新决策都会考虑这一点。像这样简单的一句话故事传达了一个强有力的信息，人们很容易向团队以外的人复述这个故事，帮助他们理解我们的项目。

当你与利益相关者接触时，超能团队会讲述一些令人难忘的故事，这些故事就和那些你迫不及待与别人分享的新闻一样，会很快流行起来，因为传播这样的故事很有价值。

如何创造理念（而不是理念本身）才是组织创新的灵魂。

——迈克尔·施拉格[10]

电梯间会面

让利益相关者参与项目本质上是一场沟通之旅，所以你应该想方设法让项目故事变得简单、聚焦、易于记忆和复述。当你的利益相关者在电梯里被别人问到这个项目时，你想让他们说什么？在这段所谓的电梯间会面的时间中，你们团队需要构建一句怎样的宣传语？团队应该有意识地为项目构建一句话的宣传语，在每次交流中重复这句话，这能让你的利益相关者始终处在正轨上。

地平线平台的首席运营官阿德里安·布莱斯代尔（Adrian Bleasdale）是一名项目管理专家，他告诉我，最重大、最具挑战性项目成功的关键并非制订项目路线图与行动跟踪，而是与利益相关者的定期沟通。在新冠疫情期间，他们将原来每周或每月与利益相关者展开的沟通汇报变成每天一次或每天两次，经常多次重复相同的信息。

总之，理想的利益相关者参与是他们把你团队的成功当成自己的成功。这意味着他们也需要用讲故事的方式来讲述他们在你的项目中所扮演的角色。当人们问你的项目是如何取得成功时，你的利益相关者会说什么？他们将如何谈论自己在这个成功的项目中所扮演的角色？让利益相关者尽可能轻松地讲述关于团队的"正面故事"。

好的故事总是胜过电子表格。

——克里斯·萨卡（Chris Sacca）[11]

工具 28：
有善始，方能善终

> 悲观主义听起来往往很深刻，而乐观主义则显得很
> 肤浅。
>
> ——特蕾莎·阿马比尔（Teresa Amabile）[12]

一项针对商界人士的研究证明，持批评态度者往往看起来更聪明，而持积极或乐观态度的人看起来就不那么聪明了。因此，你明白为什么对利益相关者来说，充当一个批评者总是这么诱人了吗？因为这让他们看来更聪明。这就是为什么我们不能只听那些"聪明的批评家"的悲观论调。[13] 与利益相关者会话的语言可能决定着项目的成败——如果我们只能听到负面的信息，那么我们还指望项目能有进展吗？

本章的最后一个工具非常简单。在与利益相关者会面时，确保以结构化的方式开始和结束互动。这是一个看似简单的工具，我在每次开会时都会使用它。在会议开始时征求积极和消极的意见，然后在会议结束时再次征求一遍。

良好开端：在会议开始时，请每位利益相关者回答以下两个问题。

- 你今天期待什么？
- 你希望我们今天沟通哪些问题？

良好结束：在会议结束时，请每位利益相关者回答以下两

个问题。

- 我们今天取得了什么成就？
- 你还担心什么？

　　如何使用这个工具：

- 提醒你的利益相关者，你会提前提出"良好开端"的问题，因为有些人喜欢预先准备，尤其是当他们不自信或不喜欢被当场安排讲话时。没有必要就"良好结束"的问题提醒他们，最好把这个问题作为会议的一部分。
- 在会议开始时，以及在讨论完议程后，请会议中的每个人（包括利益相关者和你的团队成员）在任何更新信息或讨论之前回答好两个"良好开端"问题。
- 这是测试会议氛围的好方法，尤其是当你并不认识所有参会者的时候。通过这两个问题，你可以立即了解人们的态度，这让每个人（团队成员和利益相关者）都处于平等的地位，因为他们从一开始就知道彼此的感受、意图和担忧。
- 将人们的答案写在挂图上，并在会议结束时让他们进行回顾，以检查会议内容是否涵盖了他们的问题。
- 在会议结束时，留出足够的时间给每个人回答"良好结束"的问题。这个环节非常重要，如果你时间紧张，必须有所取舍时，那一定要保留"良好结束"的问题。

- 它之所以如此重要，是因为它要求人们承认已经取得的成就，人们对已经取得的进展的看法往往是激励人心的。倾听别人的回答，比让他们带着观点离开会场要好得多。
- 你也给了人们一个结构化表达的机会，让他们说出自己关心的事情，这鼓励人们公开表达自己的担忧，而不是事后偷偷表达。
- 你也可以把"良好结束"问题的答案记下来，并将它们作为下次会议的参考。
- 当提出问题时，请使用正确的措辞，不要将其总结为"每个人都说一个积极的和一个消极的观点"。你提问的方式有助于人们有效地、有建设性地回答问题。

　　毫不夸张地说，我在每次会议和研讨会上都会使用这个工具。它能帮助人们在会议上善始善终，平衡这两种问题将成为会议的建设性支柱，它能弥合人们的分歧，帮助他们更好地理解彼此。

利益相关者对成功至关重要

　　无论你的工作多么出色，如果人们并不能感到自己是工作的一部分，他们都会否定它，因为它是"非我发明"。成功地吸引利益相关者其实是一种信息的平衡：你要向他们提供足够的信息，让他们觉得自己是项目的一部分，并对你的团队及其工作持积极态度，但是又不能给他们太多的信息。超能团队能赢得利益相关者的心，让他们为项目带来更多的成功机会。

关键要点

- 当涉及利益相关者时，要看到显而易见的事实以外的事情。
- 利益相关者是项目旅程中必不可少的一部分，你需要让他们与你同行。
- 投入时间了解利益相关者，并为他们提供被倾听和参与项目的机会，这是项目成功的关键。
- 如何塑造品牌和讲述项目故事是吸引利益相关者并帮助他们吸引他人的关键。

第 11 章

建立新的文化

普通团队和超能团队的区别在于，超能团队能够识别自己的文化并对其产生影响。我们始终都在一种文化中工作，这种文化可能是由企业类型、组织类型、工作部门类型，以及地点所决定的。这种环境的文化对团队的成就有着巨大的影响。当人们说"这就是这里的工作方式"时，说的就是工作文化，它由工作人员的所有流程、价值观和目标组成，这决定了他们是如何合作的，甚至决定了他们工作的方式和标准。[1]

超能团队能够意识并驾驭公司文化，可以在公司文化中良好工作，或者改变公司文化以实现目标。

本章学习要点：

- 如何理解团队所处的文化。

- 如何在一种不会改变的文化中实现你的目标。
- 如何改变文化以实现团队的目标。

文化对团队有着强大的影响力

文化把策略作为早餐。

——彼得·德鲁克（1909—2005）

文化不易改变，文化问题也不可避免。即便你的团队能够拥有优秀的创意，甚至有充分证据说服领导做改变，但只要团队目标与当前文化不符，你的工作还是寸步难行。在 2019 年，一项针对 215 名企业创新者的调查发现，对公司或市场推出创意的主要挑战是公司根深蒂固的文化。[2]

作为一名顾问，我见过很多不同公司的文化，我被它们的迥异文化所吸引。以下是我遇到的一些文化的例子。

- **听取每个人的意见**：这是一家非常有创意的公司，它们的每个决定都要与有不同意见的人详细讨论，直到大家达成共识。这种文化不急于推进，除非人们觉得所有观点都充分表达了，否则不采取任何行动。这意味着要花很长时间才能让大家达成共识，但一旦他们达成共识，那他们的工作就是出色的，因为每个人都觉得自己是工作的一部分。
- **所有权心态**：这是一家消费品公司，公司的成员都像创

业者一样，始终保持精益和敏捷，他们不浪费资金并且
工作效率很高。在那里工作的人彼此之间都在进行着无
情的竞争，他们自己做决定，不需要达成一致。因为他
们反应灵活，所以工作会经常"大转弯"(改变决策方向)，
他们不需要与团队达成一致，因此他们的行动比竞争对
手更快。

- **最佳实践理论家**：我的一个大型全球客户强调正确地做
  事，并一直认为自己是行业标杆。他们的系统和流程都
  堪称楷模，但我经常听到他们开玩笑地说："这在实践中
  很好，但在理论上看起来怎么样？"因为他们往往想把所
  有东西都整理成一个工具包，再教给别人。

- **谨慎决策部门**：在公共管理部门，人们的决策都会非常
  谨慎，因为出错的后果非常严重，比如处理儿童保护或
  公共卫生等复杂问题。这意味着项目可能需要数月而不
  是数周的时间才能完成，只有这样才能评估所有风险并
  确保弱势群体的需求得到充分满足。

为什么文化对团队如此重要？如果你的目标与当前的团队
文化相悖，即便拥有世界上最好的团队，你的工作也无法成功。
如果你想让团队快速地从事新事物，但他们的习惯却是凡事首
先要全体讨论达成一致，那他们就很难做出改变。如果你想促
进协作文化，但团队成员却习惯于相互竞争，他们更不会因为
你的要求而做出改变的。

如果你的团队目标和团队文化并不吻合，那么你就需要改变实现目标的方式，或者把改变文化作为你的目标。

接受文化，改变实现目标的方式

大多数团队都会选择在团队文化的框架下实现目标，而不是试图改变它。我们不能忽视文化而盲目前进，我们要考虑文化对团队目标的影响、需要克服的文化障碍，以及如何选择在具体文化中工作最佳的方法。要做到这一点，团队必须更深入地了解他们工作的文化。文化可能是无意识的，人们可能没有意识到他们的工作方式与其他团队的不同。为了真正理解一种文化，我们需要深入研究团队的基本假设，这些假设决定了团队成员的认知、思想和感受。[3]

> 有两条小鱼在水里游动，迎面游来一条大鱼，大鱼向小鱼点头示意，并问道："早上好，孩子们，水怎么样？"这两条小鱼默不作声，继续游了一会儿，其中一条实在忍不住问另一条："水是什么？"
> ——大卫·福斯特·华莱士（David Foster Wallace）
> （1962—2008）

大卫·华莱士这句话想表达的是，最明显、最重要的现实可能反而是最难发现的，也是最难读懂的。文化可能很明显，让我们觉得它是理所当然的，但我们需要思考它对团队意味着什么。艾琳·迈耶（Erin Meyer）在她的《文化地图》一书中谈到"读懂空气是读懂你所处文化的一种方法"。在书中她提到她的日本同事经常爱说某人"读不懂空气",即指某人不善于解读别人的言外之意。我们需要读懂我们所处文化的氛围,即使我们所处的文化对我们来说就像水一样——我们甚至没有意识到自己身处其中。这个工具将帮助你读懂他人的言外之意。

工具 29:
解码团队文化

解码团队文化可以从了解是什么塑造了文化,以及为什么会出现这种情况开始。这有助于你确定团队前进路上的潜在障碍,并为团队提高成功的概率。

团队可以通过回答四个主要问题来解码自己的文化:

1. 在你的团队文化中,人们最看重什么?什么被认为是真实的,人们公开和私下各重视些什么,谁在团队备受钦佩,为什么?

2. 人们行为如何?我们看到的常见行为是什么,人们如何相互合作,什么是可接受或不可接受的行为,为什么?

3. 人们是如何交流的?人们使用什么样的语言,他们如何分享信息和相互交流,为什么会这样?

4. 人们是如何工作的?他们在哪里工作?影响团队文化的地点、空间或组织问题各是什么?为什么?

如果你从团队的角度思考这些问题,你就能确定某些团队工作在现有文化下想要成功所要面对的障碍和机会。使用这个工具，依次回答四个问题，考虑团队中的人们关心什么，为什么？团队将面对什么样的障碍和挑战？又有什么机会能战胜这些挑战呢？

表 11-1 是一个展示该工具如何工作的示例。

表 11-1　解码你的文化

团队目标示例：加强不同部门之间的协作，让相互分享建议和实践变得更容易。

企业文化示例：所有权心态（来自前文的四种文化之一）。

1. 文化解码	2. 人们都做些什么	3. 他们为什么要这么做	4. 项目合作的障碍	5. 现有文化下团队的合作机会
人们看重什么？	快速决策，就好像他们是企业的主人并在花自己的钱。	他们不喜欢浪费时间或金钱，积极反对任何让他们慢下来的、官僚主义的或剥夺他们个人决策权的行为	当人们听到"协作"时，他们认为这是浪费时间和金钱，他们担心自己会被迫对周围的人友善，认为这不会对企业产生真正的影响	禁止使用"协作"一词，从现在起，将该项目称为"同伴导师"。让高级领导认可并奖励员工间的分享，展示它如何带来商业成果。评估其对业务的影响，以证明合作可以创造价值
人们行为如何？	诚实、富有挑战性，彼此之间公开竞争。尊重有说服力的观点和敏锐的思维	只要你能为企业带来好的结果，为人粗鲁也无妨，在这里做得好的人都是高绩效的人，他们不容易被冒犯	人们不想与其他可能窃取自己想法的人分享观点。他们希望以个人身份脱颖而出，而不是作为一个优秀团队的一部分	举办一场比赛，让个人因其同伴导师的成功而获奖，并展示他们如何通过挑战同伴（从而分享信息）创造商业影响力。继续鼓励在各级发生建设性冲突

（续）

1. 文化解码	2. 人们都做些什么	3. 他们为什么要这么做	4. 项目合作的障碍	5. 现有文化下团队的合作机会
人们如何沟通?	主要通过WhatsApp/Slack 或非常简短的电子邮件，没有大型的面对面会议或研讨会	决策很快就做出了，而且行动很快。他们不想要冗长的演讲或研讨会	除非我们能帮助人们在他们已经使用的平台上更好地合作，否则我们不会有任何影响力。建立一个协作研讨会或新的信息共享数据库是行不通的，因为人们压根儿就不会来	创建一个移动应用程序，让人们可以轻松地复制、粘贴关键信息，并与更广泛的"同伴导师"受众共享。鼓励评论、点赞和评分，让人们立即得到反馈和鼓励，让他们的合作在个人层面上受到重视和可见
人们在哪里工作，又如何工作?	他们经常出差，而且总是在移动中工作。人们坐在办公桌上，没有会议室或私人办公室	因为有这么多人在几个地方旅行和工作，所以办公空间都是非正式的、饮水机式的，而不是正式的会议	任何协作工具或行为都需要远程工作，不能依赖大型面对面会议或演示	创建一系列"同伴导师"播客，让人们通过出色的案例研究和最佳实践进行交流，并相互提供建议，让更多的人在旅途中倾听

　　在表 11-1 中，我们可以看到，增加不同部门之间协作的团队项目目标是一个重大的挑战，而挑战首先始于"协作"这个词。一个组织使用的语言承载了它的文化，而了解和理解客户使用的语言是客户工作中的重要一部分。如果你不理解一个常用的单词或短语的含义，一定要尽早询问，而不是在用了一年"TLA"后才知道它指的是"三个首字母缩写"。使用这个工具有助于我们理解和接受我们所处的文化，并调整我们的工作，为我们实现团队目标提供更多的机会。

保持目标，改变文化

> 高绩效文化是需要管理的。
>
> ——迈克尔·施拉格 [4]

伟大的企业文化并不是源于一场意外——它是由每个团队成员精心创造、鼓励和强化的。我曾在一些世界上最优秀的公司文化中工作，这些文化藏在公司工作的点点滴滴中，从你在办公室接受的欢迎，到描述产品的语调，再到人们在会议上的表现，甚至公司浴室的样子，都是公司的强大文化的一部分。

网飞公司：
自由与责任

> 网飞公司从来也没有着装要求，但到目前为止也没有人裸体来上班。
>
> ——帕蒂·麦考德（Patty McCord）[5]

网飞的文化是建立在自由和责任的基础上的。人们相信员工会像成年人一样行事，并期望他们为自己的行为负责。因此，他们没有朝九晚五的政策，没有休假政策，他们的开支、娱乐或旅行政策只有一行字：以网飞最大利益行事。

勇气和正直是公司的核心价值观之一。公司鼓励员工说出自己的想法，即使这些话会让人感到不舒服也无妨。

公司持续努力地让员工为彼此提供专业、建设性的反馈。网飞公司投入时间发展这些职业关系，帮助员工通过教练与模型来学会如何接受与给予反馈，以此在每个员工身上构建公司所期望的行为准则。

Pret A Manger：
快乐的团队、快乐的客户、快乐的企业

Pret A Manger 成立于 1984 年，是一家旨在让友好而积极的员工提供简单美味食物的企业。自 1999 年我搬到伦敦以来，我一直是他们的常客。这家企业最引人注目的风景线始终是人，即使他们现在已经在 9 个国家发展到 450 家门店也是如此。无论是早上 5 点的机场，还是在考文特花园的大型旗舰店，Pret 的员工总是那么友好、热情、精力充沛。我永远不会忘记第一次去忘了带钱包，但还是得到了一杯免费的咖啡的经历。Pret 的人力资源总监安德里亚·沃勒姆告诉我，Pret 的秘诀是，他们只雇用有强烈愿望和能力与他人建立联系的人。

安德里亚称这些人为"低自我、高关怀"，即使是他们招募的领导者也必须具备深思熟虑的领导力。他们对招聘正确的人非常认真，不允许有例外出现。这些价值观体现在这家企业的各个方面。因此，即使是高级团队也没有私

人办公室，人们采取开放式办公，这样他们就可以在聊天中建立联系，企业中的每个人每年都有时间与一线员工一起在门店工作。[6]

Kinship：
建立宠物友好文化

在全球范围内，宠物对人们的重要性变得越来越大——87% 的宠物主人表示，他们对待宠物就像对待家人一样。玛氏公司是世界上最大的食品公司之一，它认识到了这一日益增长的机会，并创建了一家名为 Kinship 的独立公司，以支持与宠物相关技术和创新的初创企业。

Kinship 的宗旨是改善宠物的生活，这体现在公司文化的方方面面。允许工作人员，且鼓励其带宠物上班，还可以在新宠物加入家庭时休 "育儿假"。

即使是企业用语也充分考虑了宠物：他们管宠物主人叫作宠物父母，公司的项目包括宠物项目（创新者的推介活动）和伴侣基金（宠物护理企业的投资基金）。让宠物开心不仅让顾客开心，也让 Kinship 的员工开心。

前面三个成功公司文化有什么共同点？尽管从办公室设计到公司提供的服务，处处都可以体验到文化，但文化始终是由人来维护的——体现在他们重视什么，他们的感受是什么样的，他们讲述怎样的企业故事，他们制定参与什么样的规则，还有他们使用什么样的语言。"我们在公司做事的方式"就是一个故事，公司需要一个强大、专一的故事来让员工和文化走上正轨。

关于文化，你必须确立它，不断重申它，而且在工作中始终想着它。

工具 30：
创建你的文化

许多成功的团队成果都源于人们做出的改变。无论是以新的方式理解客户，还是采用新的思维，或者以新的方式工作，团队通常都需要帮助人们改变他们习惯做的事情。改变人们和他们的文化是非常困难的。很多企业都在致力于文化和行为上的改变，如果你试图改变整个企业的文化，你就需要有一个专门的团队，邀请一些专家来帮助你。

然而，如果你想与团队一起改变文化，这里一些小而务实的步骤可能会帮上你。

这个工具分如下五步。

1.解码团队文化：团队可以使用前面的工具 29 来考虑你正在与谁合作、你可能面临的障碍以及克服这些障碍的方法。

2.讲故事：写一个简单的小故事，说明我们为什么需要改变我们的文化或行为。确保这个故事令人难忘，每个听到它的人都能复述它，并能和很多人分享。

3. 设定期望：在新工具、检查表或流程的支持下，以具体细节明确新的期望。

4. 以身作则：确保每个高级人员和所有团队成员都知道如何展示你想要实现的行为和文化，并持续这样做。

5. 重复并强化：不断重复这五个步骤，直到人们理解你所讲的故事，知道你的期望是什么，看到其他人也开始这样做，并在每次的经历中反复体验文化的变化。改变文化所需的时间比你想象的要长得多，但持续做下去的话，你会看到进步的。

表 11-2 是一个简单的文化改变的例子，向你展示该工具是如何工作的。

表 11-2　团队目标示例：防止人们开会迟到

1. 解码团队文化	人们习惯于每次开会都迟到 5～10 分钟。这是因为他们连续开会，没有时间喝水、上厕所或查看紧急的电子邮件。改变这种情况的障碍是人们感觉自己无法控制时间——他们不是故意迟到，他们只是无能为力，他们承受着接受所有会议邀请的压力
2. 讲故事	让老板录制一部短片，在全公司范围内发布，与人们谈论需要更现实地对待彼此的时间，尊重我们每个人的工作量，以及强调不要让人们等待的重要性，因为这会浪费彼此的时间
3. 设定期望	制订三条新的会议预订规则，让公司中的每个人承诺：第一，将所有会议时长从 60 分钟改为 45 分钟，安排一个小时的会议时间，但在每次会议和下一次会议之间留出 15 分钟作为休息时间；第二，要求人们按时开始会议，不要等待迟到的人；第三，要求人们控制自己的日程安排，确保他们在两次会议之间有 15 分钟的时间，按时到达会议现场，并允许他们不参加没有 15 分钟休息的会议

（续）

4. 以身作则	要求老板改变下个月的所有会议，以体现新的时间安排，并在每周结束时在一个短片中分享新安排的影响（好的和坏的）
5. 重复并强化	在安排每次会议时，给每位会议组织者一份简短的清单，要求与会者提前留出时间，确保会议按时开始，并在会议结束后记下那些无法避免迟到的人。请会议组织者填写一份关于每次会议成功与否的简短调查，并跟踪分数是否随着时间的推移而提高

　　上述步骤虽然简单，但极具挑战性。你的团队必须确保他们会不断地重新审视文化变化，以强化文化变化。

桥梁项目：
改变城市文化

　　我住在英国南部的沿海城市朴次茅斯。这里有着强大的经济基础和文化底蕴，但和大多数城市一样，我们也有贫困和社会问题，这些问题太复杂了，仅靠一个组织无法解决。研究告诉我们，合作有助于组织和个人在改善本地文化上取得更好成果，[7] 在过去几年里，我们开发了一个名为"桥梁项目"的文化变革工具包，帮助我们城市的公共部门、志愿者和私营部门与居民共同合作。

　　我们在城市的一些重大问题上取得了进展，包括减少街头露宿者，提高人们对于保护儿童免于犯罪和性剥削的认识，以及通过与学校和家庭合作鼓励健康饮食和锻炼来预防儿童肥胖。

桥梁项目在朴次茅斯创造了一种合作文化，并制订了具体的参与规则：

- 来自不同组织的人聚集在一起处理复杂的问题，包括地方政府、卫生、慈善机构、企业和社区成员。
- 在讨论想法或资金之前，我们首先在一起创造一个关于未来成功的共同愿景，以此来建立彼此的信任关系。
- 每个人都是平等的伙伴，所以我们在合作时没有等级制度或政治议程。
- 我们与有实际生活经验的朴次茅斯居民共同创造新想法，使朴次茅斯的人民处于所有倡议和决策的中心。
- 我们要求人们使用正常的语言，避免使用缩写词、官方术语和复杂的行话。
- 我们要求人们以建设性的心态投入工作，这意味着人们要在彼此想法的基础上发展新的想法，如果他们不喜欢一个想法，就必须想出一个更好的想法，而不是在没有其他选择的情况下拒绝这个想法。
- 当我们就倡议达成一致时，资金将用于跨组织合作的项目，从而加强当地合作伙伴关系和关系网络建设。

朴次茅斯市议员史蒂夫·皮特告诉我，"拥有合作的文化意味着我们可以在社区中共同努力，解决影响我们所有

> 人的问题。当我们与人合作解决问题，而不是为他们工作解决问题时，我们的工作就会对生活在这座城市的每个人都会有帮助"。桥梁项目是一种优秀的社区合作的实践，目前正在英国各地被广泛使用。

文化变革比以往任何时候都更重要，也更困难

文化一词源自拉丁语"cultus"，意为关怀。

——丹尼尔·科伊尔[8]

我们生活在一个前所未有的变革时代，面对这种变革，我们将不可避免地需要改变我们的文化。我们要么接受现有文化，并继续在其中工作，要么改进和发展我们的工作文化，迎接全新的机会。无论是数字化转型、市场混乱，更复杂的全球问题、客户行为变化，还是员工态度转变，这些机会与挑战都需要我们改变现有的文化。

益普索 MORI：
新冠疫情的教训

新冠疫情迫使许多公司改变了它们的文化，其中不乏各种积极的教训。益普索 MORI 英国和爱尔兰的首席执行官本·佩奇告诉我，在疫情早期，欧洲各地的政治领导者

都经历了两位数的支持率增长，这既是因为领导者在疫情时期做到了更频繁、更有效地沟通，也是因为选民在国家紧急情况下自发地"团结在国旗周围"。我在英国发现了这一点，那里每天的电视新闻让我们更好地了解我们的内阁成员。

本在自己的企业中也经历过类似的情况。益普索 MORI 有 1 500 名员工，在新冠疫情之前，本在每个季度都会亲自向全国所有员工做一次报告。在新冠疫情开始后，他开始每周在网上为所有员工进行 20 分钟的情况更新，结果证明这比季度会议更有效。因为视频通话可以让本直接与每个人联系。于是他便放心地带领他的团队大规模地参与到视频通话中来。随着商业领袖不断从疫情中吸取教训，在面对疫情形势好转之后的复苏中，本认为我们应该保留疫情时期的经验，并从中学习——他希望在回归正常后依旧尽可能安排每周 20 分钟的更新情况会议。

不幸的是，文化变革意味着人们也要经历"变革的疲劳"，这可能会导致转型阻力增加、员工信任度下降，也可能让有些人感到筋疲力尽。[9] 尽管文化变革很难，人们也很容易产生抗拒心理，但我们不应该停止创造正确的文化。

本书实际上是一本关于加速文化变革的书，从你能控制的事情、你的团队和团队中的人开始，最终对他们的工作产生更广泛的影响。文化变革是必要的举措，而不是可供选择的选项，无论我们面对怎样的挑战，我们越早开始面对它，就能越早为自己、团队和公司创造出我们想要的正确文化。文化变革之旅长路漫漫，甚至会比你想象的还要漫长得多，但只要坚持不懈，你终会到达成功的彼岸。

关键要点

- 企业文化多种多样——了解团队工作的文化对实现团队目标至关重要。
- 文化变革无法一蹴而就，但你可以通过不断付诸实践来逼近成功的彼岸。

第 12 章

未来的团队会是什么样子

团队在未来会变得更加重要，而超能团队将成为一种未来的成功团队模式。英国国家研究委员会发现，当公司面临不明确的目标和不确定的市场时，合作对团队成功的意义比以往任何时候都重要。[1]

> 我们总是高估未来两年将发生的变化，而低估未来十年将发生的改变。不要让自己陷入无所作为的状态。
>
> ——比尔·盖茨[2]

在未来，人工智能会衡量我们的绩效，帮助我们做出改进，无论是作为团队成员、团队还是组织本身，人工智能将会帮助我们快速识别新的机会。我们可能会被海量决策信息所淹没，这就要求我们更快、更好地进行决策，避免因数据过载造成的瘫痪。因为未来零工式工作的趋势意味着团队人员不再是固定的，所以我们可能会面临更大的团队成员流动性，不得不引入更专业的人才和技术来应对混乱的市场。为了让项目保持在正轨，团队参与规则也会不断改变，因此定期为团队进行赋能就成了必须。

在一个日益由机器主导的世界里，我们需要保护和重视人所带来的价值。我们需要人机合作才能获得最佳成果。无论是作为个人还是作为团队，我们都需要不断进化。

归根结底，这一切都取决于人和价值观。我们需要以人为本，并对人赋能，这样才能塑造一个服务于所有人的未来。

——克劳斯·施瓦布 [3]

本章学习要点:

- 未来的团队将如何定位机器这个新成员。
- 如何让客户加入我们的团队。
- 团队将如何持续发展。
- 什么将推动我们的团队在未来的发展。

机器将加入我们的团队

人工智能（AI）指的是人类创造的能够独立运行的智能技术系统。专家们一致认为，虽然人工智能将承担数据分析和智能规划的重任，但关键的挑战是我们如何帮助人类利用这些信息，并做出更好、更高明的决策。换句话说，我们需要与机器合作，共同做出决策。

可以说，人工智能将越来越多地承担常规和重复的任务。而人类团队将负责评估人工智能提供的方案，同时在人工智能方案之外，辅以直观、创造性、非标准的解决方案。

——格雷格·沃姆（Greg Orme）[4]

Axiata 是一家亚洲领先的电信集团，它的分析和人工智能集团负责人佩德罗·乌利亚·雷西奥（Pedro Uria Recio）表示，人类和机器的合作将在未来提高我们绩效水平。根据哈佛大学的研究，当下人工智能算法读取医学诊断扫描的准确率可以达到 92%，而人类的准确率可以达到 96%，但两者结合可以将准确率提高至 99%。

在未来，团队需要利用机器提供的数据，辅以人类的创造性、创新性来做出明智的决策。情商、创造力和说服力在未来将变得更具价值，因为它们有助于团队合作和制订良好的决策。[5]团队 – 机器协作将成为成功团队的核心。

客户将加入我们的团队

品牌和企业透明度的重要性日渐提升。消费者比以往更重视他们所支持的企业在道德上的健全。[6]

> 消费者正在参与品牌的建设，甚至逐渐成为品牌建设
> 的一部分。消费者越来越意识到个性、目的和利润是可以
> 兼容的，他们追求有意义和有个性的品牌；要求品牌公开、
> 诚实、富有同情心，最重要的是，代表着某种东西。
>
> ——亨利·梅森[7]

我们的客户、竞争对手现在可以很容易地获取那些以往难
以取得的信息。在极度透明的环境下，我们不能对客户隐瞒我
们的项目信息，因此要让他们参与我们的决策。像可口可乐这
样的公司已经在从事类似的工作，该公司位于亚特兰大总部的
KOLab 创新中心吸引了大量零售商和餐饮客户，它们在这里参
与可口可乐的项目，与可口可乐共同创造更多的相关产品。[8]

在未来，随着协作平台功能的增强，我们能够让客户在项
目旅程的每个阶段都参与进来，并协助我们，这会使它们在我
们的决策中拥有发言权。公共和私营部门的开放和创新意味着，
我们需要在团队传统目标和消费者参与所带来的新目标间取得
平衡。这并不意味着消费者会直接告诉我们他们需要什么，正
如亨利·福特所说："如果我问人们想要什么，他们会说是更
快的马。"消费者无法指出自己想要什么，但通过让消费者参
与测试和学习，我们可以制造出完全符合客户需求的产品和
服务。

我们将以进步为乐

作为团队成员，我们将能够衡量自己的绩效，通过我们的互动方式、工作时间、网络规模，以及个人绩效对公司利润的贡献度。自我提升的目标将成为我们在家庭和工作中的目标。

微软已经开始为用户提供生产力评分，这一评分源于用户使用微软操作系统的情况反馈。[9] 在工作中不断学习和自我提升的趋势已经初见端倪，一项研究发现，83% 的员工将掌握新技能视为个人的责任，而非公司责任，51% 的人愿意参加国际合作以获得工作经验。[10] 这符合人们日益增长的在工作之外改善健康、学习知识和掌握技能的需求。[11]

迈克尔·施拉格指出，"自我意识"（一种用于管理职业和个人生活中多重角色的数字工具）将为我们提供管理多重角色的建议，帮助我们提高绩效、增强协作、提升效率和生产力，他将这种辅助工具称为"增强内省"。[12]

> 越来越多的人被选入精英团队，这不仅取决于他们的天赋，还取决于他们接受教练培训的能力、提高自身水平的能力和从绩效数据中学习的能力。为团队选择那些愿意学习、乐于内省、愿意做出改进和发展自己的人。追求平均值的时代已经一去不复返。
>
> ——迈克尔·施拉格 [13]

在帕累托法则或 80/20 法则中，有人认为，我们 20% 的工作会产生 80% 的影响。[14] 例如，我们高估了回复电子邮件的重要性（这可能会占用我们 80% 的时间），没有意识到与老板在茶水间的聊天对成功决策产生的重大影响（只占不到 20% 的时间）。在未来，我们将能够追溯所有影响力事件背后的具体行动，我们的"自我意识"会建议我们多在茶水间和老板聊天，减少回复电子邮件的时间。

对于未来的团队来说，加入团队的基本目的是优化个人和团队绩效。团队成员的选择不仅要看他们过去的表现，以及为团队合作做出贡献的能力，还要看他们在工作中学习和提高自身的能力。企业会追踪、衡量个人与整个团队的绩效，这要求他们不断提高，以获得企业预期的结果。

因此未来的团队将专注于培养那些具有敏捷性、适应能力强和善于学习新技能的成员。

目标感将成为团队和机器的驱动力

即使在机器主导的世界里，我们还是需要依靠人类的创造力、洞察力和协作能力。公司将受到客户的道德挑战，因为公司越来越难忽视不道德的行为。

人们在工作中越来越受目标的驱动。[15] 在未来，目标驱动型工作的需求会增加，变得更为常见。团队的意义可能来自团队的道德目标、归属感以及对学习和自我提升的投资，团队合作甚至需要迎合个人的项目目标。

　　团队体验将成为人们所寻求和享受的一种过程，因为人类将被技术所解放，他们将专注于人类所特有的技能领域。人工智能腾出了原本用于数据处理、重复任务或分析的时间，人们将有更多的时间来更好地合作。

　　《趋势驱动创新》一书的作者亨利·梅森表示，人工智能不仅能让我们自由地选择更好的工作，而且"有益的智能系统"也能带来更合乎道德的选择。迪士尼已经在使用人工智能分析剧本、识别性别偏见，联合国世界粮食计划署可以根据公共信息识别实时食品需求。人工智能也给了我们巨大的机会，让我们的生活变得更好。

　　组织将变得更具协作性，更加敏捷和去层级化。人工智能进入工作场所能带来很多积极的效果：更高的员工满意度、更强的创造力、更多的空闲时间、更少的员工流失和更高的客户满意度。人工智能将使工作场所更人性化，这是人工智能给人类的礼物。

——佩德罗·乌里亚·雷科（Pedro Uria Reco）[16]

团队需要继续赋能

　　未来已经到来，只是到来的有先后。

——威廉·吉布森[17]

今后，我们不会再像往常一样工作，工作的节奏会更快，我们只能迎头赶上。我们不再接受墨守成规的团队文化，也接受不了没有直接贡献的团队成员。我们需要重新评估并调整团队的工作方式。

超能团队将是团队转型的必然方向，这是跟上工作、数据和技术变化的唯一途径。本书为你提供的重新设置团队的工具，将为你在创造未来的道路上带来巨大的成功。

关键要点

- 未来我们的团队成员将包括人工智能。
- 客户也将是我们团队的关键成员。
- 为了保持蓬勃发展，团队必须不断学习和发展新技能。
- 团队将被一种更大的目标感所驱使。
- 至关重要的是，我们需要继续为团队赋能！

第 13 章

30 个工具的团队应用

　　无论你是服务于小型团队还是大型团队，无论你的同事是在一栋楼里面对面工作，还是分布在世界各地，无论你是以团队成员还是领导者的身份，这套工具都能帮助你改善工作方式，通过让你的团队成为超能团队来实现目标。使用这些工具并没有明确的顺序，你可以根据团队需要从本书的工具库中找到趁手的兵器，每件工具都可以针对具体场合与情况独立使用。在读完 30 个工具的概述（本章特别为此做了总结）后，你可能就知道你的团队需要哪些工具了。然而，个别的情况下还是需要按部就班。例如，你需要先选择团队成员，并为他们设定一个目标，然后才能就交付时间和内容达成一致。

本章学习要点:

- 如何使用这 30 个工具来为团队赋能。
- 如何决定重点关注哪些领域。
- 如何诊断团队的优势和需要改进的地方。
- 如何规划超能团队研讨会。

如何使用这 30 个工具

逐章阅读

当你刚刚创建或加入一个团队时，如果团队达成共识，以本书指导工作，你们就需要逐章阅读本书。以周或月为单位，让团队成员一起阅读其中一章的内容，并共同决定哪些工具与团队工作相关。根据你想解决的问题与团队成员的时间，每周或每月留出几个小时、半天或一整天的时间来解决这些问题。让不同的团队成员自愿选择某一工具，并轮流担任工具应用研讨会的主持人，让每个人都有机会主持一项团队工具的应用，让每个工具的负责人记录结果，并在研讨会完成的几天内将其发送给团队。

解决优先级高的问题

如果你已经身处一个团队中，正面临着特定的问题需要解决，那么就要先确定需要关注的章节。你可以先让每个团队成员阅读本书的第 1 章，并让他们列出团队当下最需要关注的两章，或者最需要关注的两个问题与工具。让团队成员在各自的便利贴上写下他们认为最重要的两三个章节、问题或工具，然后在团队会议上分享，并将他们的回答归类。筛选出大家关注最多的章节或工具，然后从选定的工具开始。

一次性工具

如果你所在的团队现在运转良好，没有亟待解决的问题，可以选择一个工具，在每周或每月的团队训练活动或休息的间歇持续对团队进行重新评估和复盘。让团队中的每个人都有机会使用超能团队工具。

选择每次会议想要使用的工具，确保每个团队成员都参与了选择；或者以抽签的方式选择 1～30 之间的任意数字，随机选择工具；或者让领导者或利益相关者为团队选择一个工具。重要的是要持续对团队进行调整。世界在不断改变，而这些工具总能帮你的团队完成目标、保持活力。

如何选择团队工具

如果你不清楚哪些工具能让你的团队收益最大，那么你可以使用以下指南进行选择。超能团队工具主要满足以下四个领域的需求。

1. 优秀团队合作的基础。

- 第 2 章：组建团队

- 第 3 章：节省时间

2. 为实现成功制订计划。

- 第 4 章：你的目标是什么
- 第 5 章：激发动力
- 第 6 章：就交付时间与交付内容达成一致

3. 团队成员如何共事。

- 第 7 章：团队合作方式
- 第 8 章：处理冲突

4. 增加成功的机会。

- 第 9 章：获得领导者的支持
- 第 10 章：利益相关者参与
- 第 11 章：建立新的文化

作为一个团队，你可以先聚焦于主要的需求领域，使用这些工具，然后再去考虑其他重要的问题。你也可以选择聚焦于整个需求领域的工具，或者直接多领域齐头并进。

如果你不确定该关注哪个领域，你可能需要用团队诊断工具来帮你做决定。

诊断问题

请团队成员、上级领导者和利益相关者回答这些问题，以此确定团队的优势以及在各领域的改进空间。在决定使用哪些具体工具之前，整个团队要在一起讨论每个问题，或者你也可以提前将这些问题发送给团队成员，让他们提前分享自己的想法，将这些答案汇总为你接下来工作中的主题。

优秀团队合作的基础：

- 我们需要一个团队吗？我们的团队中有优秀的人吗？我们有足够的时间充分参与团队工作吗？我们是否有足够的动力来实现我们想要的目标？
- 这个团队已经有了哪些坚实的基础？
- 我们需要做些什么来促进团队合作？

为实现成功制订计划：

- 我们知道我们想要实现什么项目、项目范围以及我们将如何实现吗？我们是否清楚项目的结果、时间安排和可交付成果都是什么？
- 在我们想要实现的目标上，我们应该在哪些方面达成一致？如何达成一致？
- 我们需要如何改进我们的愿景、目标、路线图以及提高一致性？

团队成员如何共事：

- 我们是否明确、有意和公开地就团队的参与规则达成一致，从而实现更好的合作？我们是否清楚该如何处理或避免冲突？

- 有哪些个人的优势、才能和工作方法可以帮助团队良好合作？
- 我们制订计划是为了解决哪些小问题或大问题？

增加成功的机会：

- 我们是否得到了领导者的正确支持，我们是否考虑过如何让利益相关者参与进来？我们是否了解自己的工作文化是什么，是否知道这种工作文化会如何影响团队合作？
- 怎样能让领导者、利益相关者和更多的组织支持我们？
- 为了取得成功，我们需要提前考虑哪些关于领导者、利益相关者或组织之间的问题呢？

一旦你明确了需要关注的领域，以及它们重要性的顺序，就可以组织一场团队研讨会来应用这些工具。

超能团队研讨会指南

根据你的时间以及问题的重要性与紧迫性程度，计划团队研讨会上应用部分或全部工具所需的时间。

如果你正在参与一个复杂的项目，花一整天的时间筹划一场成功的研讨会肯定是值得的，毕竟研讨会可以让团队避免误入歧途。如果手头有重大问题亟待解决，而且时间有限，那么在下周抽出 2 小时开个会总是胜过干等 4 个月后开一场 4 个小时的会。如果你能马上抽出 2 小时开研讨会，然后过段时间再开一场 4 小时的会，你就可以在 2 小时的会上决定该如何利用那 4 小时的会议。

超能团队研讨会有四种推荐长度，以下分别是几种长度研讨会的指南。

两小时研讨会

- 选取某一章中的一个工具。
- 每位团队成员的准备时间需要 30 分钟（在会议前完成）。
- 在研讨会上与团队成员共享会议的准备材料，并确定关键主题、想法和推进方向。
- 对谁来执行实现成果达成共识。

半天的研讨会

- 选取某一章的两个工具，或者在两章中各选取一个工具。
- 每个团队成员在会议前的准备工作需要花费 60 分钟，每个工具 30 分钟。
- 需要考虑如何安排研讨会流程，最好能让上一个工具和下一个工具有承上启下的关系。例如，如果选取了同一章的工具，你可以先使用工具 8 "重新设定目标"，然后接着使用工具 9 "项目导航器"；如果你使用两个不同章节的工具，你则可以先使用工具 9 "项目导航器"，然后再使用工具 11 "为什么我们的工作很重要"。

- 如果你正在应对会给团队带来挑战的棘手工作,那不妨先从容易、正向的事情开始,先让团队成员拥有建设性的心智,然后着手去做难度高的工作。例如,在使用工具 20 "冲突预测器"之前,你可以先使用工具 10 "确定团队目标"。

全天的研讨会

- 选取三到四个章节的最多 4 个工具。
- 会议前每个团队成员要花 60 分钟为两个工具进行准备工作,每个工具的准备各用 30 分钟(其他工具可以在会议上直接完成,不需要提前做准备工作),或者为三个工具各留 20 分钟时间(剩下一个在研讨会现场准备)。之所以这么安排,是因为让人做一小时以上的准备工作通常是不现实的。
- 考虑一下哪两个工具适合安排在早上,通常是积极正向的适合安排在早上一开始使用,然后再安排一个有挑战的工具。午饭回来后再使用一个简单工具,在一天结束的最后,再应用一个挑战性的工具。

五天冲刺

- 选取五章,每章选取一个工具,或者任意几章中的五个工具。
- 星期一到星期五,每天固定时间(我建议选取上午 9 点到 11 点的时间，在开始一天其他工作前展开）。

- 在每次研讨会之前，为第二天的工具分配一项预告和准备工作，要确定参与者在日程中预留了做准备工作和参加研讨会的时间。

- 一个超能团队的五天冲刺可能是这样的。

  ○ 周一的准备工作：每个人在会议之前填写诊断问题的答案。

  ○ 周一的会议：回顾关键主题，并就其他四天要讨论的研讨会主题达成一致，为其余四天的每次会议指派一位主持人。

  ○ 周一行动：主持人选择使用哪些工具，设计并布置本周剩余时间要完成的准备工作。

  ○ 周二："优秀团队的合作基础"研讨会，包括准备工作、研讨会和行动。

  ○ 周三："为实现成功制订计划"研讨会，包括准备工作、研讨会和行动。

  ○ 周四："团队成员如何共事"研讨会，包括准备工作、研讨会和行动。

  ○ 周五："增加成功的机会"研讨会，包括准备工作、研讨会和行动。

为了建立团队信任，维持团队公平，不要把计划、辅助工作或会议记录等所有事情都交给一个人来做。相反，要让每个团队成员在活动的每天中扮演不同的角色，比如在第一天安排一个人负责准备工作，一个人做辅助工作，一个人做记录，然后第二天让这几个人轮换工作，这样每个团队成员就能在项目过程中扮演不同的角色。

磨刀不误砍柴工，筹划一个成功的研讨会，花在讨论如何利用时间上的工夫不见得会比花在研讨会本身上的少。最重要的是要记住，作为一个团队，要抽出时间定期使用这些工具——就像你要定期锻炼以保持身体健康一样。

30 个工具速查

第 2 章：组建团队

工具 1：是否需要团队——你真的需要团队吗？

工具 2：把群体变成团队——将一组人打造为一个团队。

工具 3：区分该选择的人、该回避的人、该分开的人——为团队选择成员的方法。

第 3 章：节省时间

工具 4：时间表——评估团队的时间都花在了哪里，以避免浪费时间。

工具 5：会议剃刀——使会议主题清晰，会议时间更短。

工具 6：电子邮件协议——为电子邮件设定规则，减少不必要的电子邮件。

第 4 章：你的目标是什么

工具 7：五个未来——定义项目愿景。

工具 8：重新设定目标——让团队的目标更具启发性，显得更有抱负。

工具 9：项目导航器——让团队一开始就在项目范围内保持一致。

第 5 章：激发动力

工具 10：确定团队目标——你的工作是什么？为什么要这么做？

工具 11：为什么我们的工作很重要——让人们意识到自己工作的积极影响。

工具 12：个人激励因素——团队工作为你带来了什么？

第 6 章：就交付时间与交付内容达成一致

工具 13：旅程计划——为目标创建路线图，在路线图上标明可能遇到的调整和项目的关键流程节点。

工具 14：加速并反思——创建时间表，确定行动的优先级，在这个时间表中留出反思和完善的时间。

工具 15：评估成功的检查单——制订评估项目成果、项目产出和项目旅程的清单。

第 7 章：团队合作方式

工具 16：三种"签到"——在团队成员之间建立信任并培养同理心。

工具 17：我们的团队规则——有意邀请团队成员参与团队规则制订。

工具 18：远程文化解码——团队成员处于不同地区的最佳工作方式。

第 8 章：处理冲突

工具 19：意见和直觉——尽早发现团队成员的分歧和认识错位。

工具 20：冲突预测器——预测并避免可能出现的冲突。

工具 21：六个为什么——从最近的问题中汲取教训以免再犯。

工具 22：个人干预——解决团队成员间的冲突。

第 9 章：获得领导者的支持

工具 23 ：行驶方向——了解领导者的目标，判断自己的方向是否正确。

工具 24 ：领导者倾听工具——认真倾听你的领导者，与领导者构建起联系并相互理解。

工具 25 ：客户问答竞赛——将领导者与他们的客户连接起来。

第 10 章：利益相关者参与

工具 26 ：利益相关者秘密调查——了解利益相关者的真实观点。

工具 27：构建会议——让利益相关者对团队工作形成依赖。

工具 28 ：有善始，方能善终——由始至终都建设性地与利益相关者开展会议。

第 11 章：建立新的文化

工具 29 ：解码团队文化——了解是什么塑造了团队文化，以及为什么会形成这样的文化。

工具 30：创建你的文化——用新的文化改变团队。

关键要点

- 掌握 30 个应对团队的日常工作的工具。
- 对于团队各个阶段都有与之相适应的工具。
- 这 30 个工具可以用于发挥团队优势，并提高那些需要改进的方面。
- 从两个小时到五天冲刺的超能团队研讨会指南。

SUPERCHARGED TEAMS
The 30 Tools of Great Teamwork

注　释

第 1 章

1. Loomes, V. (no date). The Future of Work. Two trends reshaping the future of work in 2020 and beyond! *TrendWatching*.
2. Kitching, J. (2016). *Exploring the UK Freelance Workforce in 2015*. Kingston-upon-Thames: IPSE.
3. Mercer (2019). *Global talent trends 2019: Connectivity in the human age*.
4. Timewise (2019). *The Timewise Flexible Jobs Index 2019*.
5. Edgar Pierce Professor of Social and Organizational Psychology, Harvard University (Coutu, 2009) Coutu, D. (2009). Why Teams Don't Work. *Harvard Business Review*.
6. Wooll8ey, A.W., Chabris, C.F., Pentland, A., Hashmi, N. and Malone, T.W. (2010). Evidence for a Collective Intelligence Factor in the Performance of Human Groups. *Science*, 330 (6004), 686–88.
7. Cross, R., Rebele, A and Grant, A. (2016). Collaboration Overload. *Harvard Business Review*.

8. MIT Human Resources (no date). The Basics of Working on Teams. *MIT Human Resources*.

9. Co-founder of LinkedIn

10. Syed, M. (2020). Coronavirus: fixated on the flu and shrouded in secrecy, Britain's scientists picked the wrong remedy. *The Times*, 17 May.

11. Skybrary (2016). Crew Resource Management (CRM). *Skybrary*.

12. Humphreys, G. (2008). Checklists save lives. *Bulletin of the World Health Organisation*, 86 (7), 497–576.

13. Haynes, A.B. et al. (2009). A Surgical Safety Checklist to Reduce Morbidity and Mortality in a Global Population. *The New England Journal of Medicine*, 360 (5), 491–99.

第2章

1. Edgar Pierce Professor of Social and Organizational Psychology, Harvard University (Coutu, 2009)

2. MIT Human Resources (no date). Important steps when building a new team.

3. Sims, R.R. (1992). Linking Groupthink to Unethical Behavior in Organizations. *Journal of Business Ethics*, 11 (9), 651–62.

4. Levine, S. S., Apfelbaum, E. P., Bernard, M., Bartelt, V. L., Zajac, E. J., & Stark, D. (2014). Ethnic diversity deflates price bubbles. *Proceedings of the National Academy of Sciences of the United States of America*, 111 (52), 18524–9.

5. In *The Human Edge*

6. writer and philosopher

7. Katzenbach, J.R. and Smith, D.K. (1993). *The Wisdom of Teams*. McGraw-Hill

8. Mathieu, J., Maynard, T. M., Rapp, T., & Gilson, L. (2008). Team

effectiveness 1997–2007: A review of recent advancements and a glimpse into the future. *Journal of Management,* 34, 410-476.
9. Aubé, C. and Rousseau, V. (2011), Interpersonal aggression and team effectiveness: The mediating role of team goal commitment. *Journal of Occupational and Organizational Psychology*, 84 (3), 565–80.

第 3 章

1. Hobsbawm, J. (2017). *Fully Connected: Social Health in an Age of Overload.* London: Bloomsbury.
2. Neeru Paharia and Anat Keinan, in *Conspicuous Consumption of Time: When Busynes and Lack of Leisure Time Become a Status Symbol*
3. Workfront (2019). The State of Work 2018–2019 U.S. Edition.
4. In Ferriss, T. (2007). *The 4-Hour Work Week: Escape 9–5, Live Anywhere and Join the New Rich.* Crown Business.
5. Ellson, A. (2019). Sorry, I'm in a meeting . . . for half of every working week. The Times, 19 August.

第 4 章

1. Ferguson, T. (2020). Outputs and outcomes: The two sides of workshop results. *Workshops.work.*
2. Clarey, C. (2014). Olympians Use Imagery as Mental Training. *The New York Times*, 22 February.
3. Adams, A.J. (2009). Seeing Is Believing: The Power of Visualization. *Psychology Today*, 3 December. Cohen, P. (2001). Mental gymnastics increase bicep strength. *New Scientist*, 21 November.

4. Busch, B. (2017). Research every teacher should know: setting expectations. *The Guardian*, 10 November. Livingstone, J.S. (2003). Pygmalion in Management. *Harvard Business Review*, January.
5. Salo, O. (2017). How to create an agile organization. *McKinsey & Company*.
6. re:Work (no date). Guide: Understand team effectiveness. Locke, E.A. and Latham, G.P. (2002). Building a practically useful theory of goal setting and task motivation – a 35 year odyssey. *American Psychologist*, 57 (9), 705–17.
7. NCVO (2019). *Time Well Spent: a national survey on the volunteer experience.*
8. Captain of Moonshots, X
9. Rouse, M. (no date). Moonshot. *WhatIs*.
10. Selis, B., Lieb, R. and Szymanski, J. (2014). *The 2014 State of Digital Transformation: How Companies Are Investing in the Customer Digital Experience.* Altimeter.
11. Dörner, K. and Edelman, D. (2015). What 'digital' really means. *McKinsey & Company*.
12. Selis, B., Lieb, R. and Szymanski, J. (2014). *The 2014 State of Digital Transformation: How Companies Are Investing in the Customer Digital Experience.* Altimeter.

第 5 章

1. Mercer (2019). *Global talent trends 2019: Connectivity in the human age.*
2. TrendWatching (no date). The Future of Purpose.
3. re:Work (no date). KPMG: Motivating Employees Through a Deeper Sense of Purpose.

4. Bloomberg (2020). Bloomberg Gender-Equality Index.

5. Refinitiv (2019). Refinitiv Global Diversity and Inclusion Index.

6. Equileap (2019). Gender equality global report and ranking.

7. Geena Davis Institute on Gender in Media and J. Walter Thompson (2017). Gender bias in advertising: research, trends and new visual language. *See Jane.*

8. In *The Future of Work*

9. In *What is the Future of Work?*

10. ScienceDaily (2017). 'Purposeful leaders' are winning hearts and minds in workplaces, study finds. *ScienceDaily*, 14 June.

11. Brower, T. (2019). Want to Find Your Purpose at Work? Change Your Perceptions. *Forbes*, 12 August.

12. Entrepreneur. Millar, B. (2020). How Sushi Daily founder Kelly Choi came back from the brink. *The Times*, 16 May.

13. Taylor, S. (2013). The Power of Purpose: Why is a sense of purpose so essential to our well-being? *Psychology Today*, 21 July.

14. Hill, P.L. and Turiano, N.A. (2014). Purpose in Life as a Predictor of Mortality Across Adulthood. *Psychological Science*, 25 (7), 1482–6.

15. In *The Infinite Game.*

第 6 章

1. Daily Mail Reporter. (2010). Bungling sailor used a road map to circumnavigate the UK . . . and ended up sailing round Isle of Sheppey for 36 hours. *Daily Mail*, 28 April.

2. Grove, A. (1995). *High Output Management*. Vintage Books.

3. In *High Output Management*

4. Webb, C. (2016). *How to Have a Good Day: Harness the Power of Behavioural Science to Transform Your Working Life.* Penguin Random House USA. Citing Edwin A Locke and Gary P Latham

5. Castro, F. (no date). What is OKR? *Felipe Castro.*

6. Former Commander of the International Space Station. Shah, V. (2018). A Conversation with Chris Hadfield, Former Commander of the International Space Station (ISS). *Thought Economics*, 26 November.

7. Myles, R. (actor-writer-director) and Peachey, S. (actor-producer) (2020). The Show Must Go Online. *Rob Myles.*

8. Skybrary (2016). Press-on-itis. *Skybrary.*

9. Innovation Leader and KPMG (2019). *Benchmarking Innovation Impact 2020.*

10. 2020

11. Lim, S. (2020). Thai Airways rewards members air miles for staying at home. *The Drum*, 27 April.

12. Atlassian Agile Coach (2019). What are sprints? *Atlassian Agile Coach.*

13. In *The Innovator's Hypothesis*

14. Taneja, H. (2019). The Era of " Move Fast and Break Things" Is Over. *Harvard Business Review.*

15. In *How to have a good day*

16. Singhal, R. (2016). Unintended consequences of demonetisation. *livemint,* 14 December.

17. Quoted in *Team of Teams*. McChrystal, S. et al. (2015). *Team of Teams: New Rules of Engagement for a Complex World*. Penguin.

18. Ries, E. (2011). *The Lean Startup*. Crown Publishing Group. Agile Alliance (no date). Minimum Viable Product (MVP). *Agile Alliance.*

19. Innovation Leader & KPMG, 2019

20. In *The Innovator's Hypothesis*

21. Scrum.org (no date). What is a sprint retrospective?

第 7 章

1. Atlassian (2019). Openness predicts a team's strength. Sgroi, D. (2015). *Happiness and productivity: Understanding the happy-productive worker*. Social Market Foundation.

2. re:Work (no date). Set goals with OKRs.

3. In *Smarter, faster, better: The Secrets of Productivity in life and business*

4. Schrage, M. (2019). The Age Of Average Is Over. *Futures in Focus*.

5. Lewnes, A. (2020). I run a company of 230 people. How can I maintain a sense of community while working remotely? *The Sunday Times*, 3 May.

6. Duhigg, C. (2016). What Google Learned from Its Quest to Build the Perfect Team. *The New York Times*, 25 February.

7. Founder of Millennial Mindset

第 8 章

1. Chorley, M. (2019). Winds of change. *The Times*, 24 September.

2. In *The Culture Code*

3. Hill, L.A. et al. (2014). *Collective Genius: The art and practice of leading innovation*. Cambridge: Harvard Business Review Press.

4. In *Collective Genius*

5. Coyle, D. (2019). *The Culture Code: The secrets of highly successful groups*. Random House Business.

6. Ellis, R. (2020). Bosses cut staff absences by boosting wellbeing at work. *The Times*, 1 March.

7. Hastings, R. (2009). Netflix Culture: Freedom & Responsibility. *SlideShare*.

8. Fida, R. et al. (2018). 'First, Do No Harm': The Role of Negative Emotions and Moral Disengagement in Understanding the Relationship Between Workplace Aggression and Misbehavior. *Frontiers in Psychology*, 9, 671.

第 9 章

1. Innovation Leader & KPMG, 2019

2. Barta, T. and Barwise, P. (2017). Why effective leaders must manage up, down, and sideways. *McKinsey Quarterly*, 27 April.

3. Morgan, J. (2014). This is the Single Greatest Cause of Employee Disengagement. *Forbes*, 13 October.

4. Aghina, W. et al. (2018). The five trademarks of agile organizations. *McKinsey & Company*.

5. Nasdaq (2019). Nasdaq President & CEO: Re-think Nasdaq – We are a Global Technology Company. *Advisor Perspectives*.

6. Wirearchy (no date). What is wirearchy?

7. Hastings, 2009

8. In *Measure what matters*

9. Etymonline (no date). Priority (n.).

10. Mercier, D. (2018). The biggest mistakes managers make when managing millennials. *Medium*.

11. Grow (no date). Metric Of The Week: North Star Metric.

12. Hegde, S. (2018). Every Product Needs a North Star Metric: Here's How to Find Yours. *Amplitude*.

13. De Smet, A., Lurie, M. and St George, A. (2018). *Leading agile*

transformation: The new capabilities leaders need to build 21st Century organizations. McKinsey & Company.

14. In *The Little Prince*
15. Hegde, S. (2018). The Three Games of Customer Engagement Strategy. *Amplitude.*
16. Stefan Homeister Leadership (2020).
17. Grove, 1995.
18. Leitwolf (2019). Interview Paul Polman: The essence of successful leadership-trees and leaders.
19. Psychotherapist
20. In conversation
21. Greenleaf, R.K. (2002). *Servant Leadership: A Journey into the Nature of Legitimate Power and Greatness*, 25th anniversary edition. Paulist Press.
22. Bower, M. (1997). Developing leaders in business. *McKinsey Quarterly.*
23. Leitwolf (2019).
24. van den Driest, F., Sthanunathan, S. and Weed, K. (2016). Building an Insights Engine. *Harvard Business Review.*
25. Delhoume, M. (2019). Why marketers must pursue creativity and excellence. *Raconteur*, 10 June.
26. Founder and Executive Chairman, World Economic Forum. Vincent, M. (no date). A new paradigm requires new thinking. *Applied Change.*
27. Webb, C. (2016) *How to Have a Good Day: Harness the Power of Behavioural Science to Transform Your Working Life.* Penguin Random House USA. (citing Danziger, S., Levav, J. and Avnaim-Pesso, L. (2011). Extraneous factors in judicial decisions. *Proceedings of the National Academy of Sciences of the United States of America*, 108 (17), 6889–92.

28. Sasaki, T., Pratt, S.C. and Kacelnik, A. (2018). Parallel vs. comparative evaluation of alternative options by colonies and individuals of the ant Temnothorax rugatulus. *Scientific Reports*, 8 (1), 12730.
29. Former Commander of the International Space Station. Shah, V. (2018). A Conversation with Chris Hadfield, Former Commander of the International Space Station (ISS). *Thought Economics*, 26 November.
30. In *Building an Insights Engine*

第 10 章

1. Clayton, M. (2014). *The Influence Agenda*. London: Palgrave Macmillan.
2. Cambridge Dictionary (no date). Not-invented-here syndrome.
3. Innovation Leader & KPMG, 2019
4. Head of User Experience, Google Cloud (Innovation Leader & KPMG, 2019)
5. Advaney, M. (2017). To Talk or Not To Talk That Is The Question! *Youth Time Magazine*, 5 June.
6. Garbuio, M. and Lovallo, D. (2017). Does organizational politics kill company growth? *Review of International Business and Strategy*, 27 (4), 410–33.
7. In *Bored and Brilliant*
8. In *On Leadership*
9. Basford, T. and Schaninger, B. (2016). The four building blocks of change. *McKinsey Quarterly*.
10. In *The Innovator's Hypothesis*
11. Founder of Lowercase Capital. Ferriss, T. (2016). *Tools of Titans: The Tactics, Routines, and Habits of Billionaires, Icons, and*

World-Class Performers. Vermilion.

12. Edsel Bryant Ford Professor of Business Administration, Harvard Business School

13. Pfeffer, J. and Sutton, R.I. (1999). The Smart-Talk Trap. *Harvard Business Review*.

第 11 章

1. Heathfield, S.M. (2020). Culture: Your environment for people at work. *The Balance Careers*.

2. Innovation Leader & KPMG, 2019

3. Schein, E. (1984) Coming to a new awareness of organizational culture. Sloan Management Review 25 (2), 3–16.

4. In *The Age of Average Is Over*

5. Chief Talent Officer, Netflix, 1998–2012

6. Moore, P. (2015). Pret a Manger – Behind the scenes at the 'Happy Factory'. *The Guardian*, 14 April.

7. Blundell, J., Rosenbach, F., Hameed, T. and FitzGerald, C. (2019). *Are we rallying together? Collaboration and public sector reform*. Oxford: Government Outcomes Lab.

8. in *The Culture Code*

9. Mercer (2019)

第 12 章

1. National Research Council (1999). *The Changing Nature of Work: Implications for Occupational Analysis*. Washington DC:The National Academies Press.

2. In *The Road Ahead*

3. Founder and Executive Chairman, World Economic Forum.

Schwab, K. (2016). The Fourth Industrial Revolution: what it means, how to respond. *World Economic Forum.*

4. In *The Human Edge*

5. PwC (2018). Workforce of the future – The competing forces shaping 2030. PwC.

6. Ethical Consumer (2018). *Ethical Consumer Markets Report 2018.* Manchester: Ethical Consumer Research Association.

7. TrendWatching (no date). Trend Framework.

8. Loomes.

9. Smith, A. (2019). Microsoft Productivity Score: Insights that transform how work gets done. *Microsoft.*

10. Mercer (2019).

11. In *TrendWatching*

12. Schrage (2019).

13. In *The Age of Average is Over*

14. Learning Theories (no date). Pareto Principle.

15. *Trend-Watching*

16. Group Head of Analytics and Artificial Intelligence, Axiata

17. Author